菅原正子 著

日本中世の学問と教育

同成社 中世史選書 15

序

私たちは、教育を受けることによって社会で生きていくための知識や方法を身につけ、学問によって知恵や文化を深めて発展させている。教育や学問は、人間・社会・文化等を根底から支えるものであり、人間社会においては必要不可欠な要素である。

中世の社会も、中世の人々が受けた教育や身につけた学問を基底として形成されていた。現代を生きる私たちは、近世末期以降に急激に流入した西洋文化の影響を強く受け、西洋文化を中心として体系化された多くの学問を学び、西洋文化的な視点で物事を考えがちである。しかし、日本の中世には西洋とはまったく異なった教育・学問が存在していたのであり、日本の中世社会や中世人の行動を理解するためには、この中世日本独自の教育・学問とその内容・思想について知る必要があろう。

中世日本独自の教育は、現代の日本の教育とも少なからず関係している。日本人の読み書き能力（リテラシー）は世界のトップにある。ユニセフが作成した『世界子供白書』（一九八八年）の統計によれば、一九七〇年の時点で成人の識字率が男女ともに九九％であるのは日本・アメリカ・ベルギーである（なお、イギリス・東西ドイツ・中国など、一九七〇年時の識字率が不明の国々もある）。日本の識字率が世界のトップにあることもさりながら、男性と女性の識字率が同じであることも日本の大きな特徴である。一九七〇年時のアジアでは女性の識字率は男性よりも低い傾向にあり、韓国では男性が九四％、女性が八一％、香港では男性が九〇％、女性が六四％、シンガポールでは男性が八二％、女性が五五％である。これらに比しても、この時点における日本の男女同率の高い識字率はアジアのなかでも特異である。なお、世界の国々の識字率はその後かなり向上し、男女差も大分縮小されてきている。

日本人の高い識字率については、中世末期に来日したキリスト教のイエズス会士たちが、日本では大部分の男女が読み書きができたことを記している。現代日本の男女の高い識字率は、この中世末期の高い識字率につながるものであり、読み書き教育の普及は日本の伝統として受け継がれてきた文化といえよう。

本書では、中世に行なわれていた読み書きや学問の教育と学習について具体的に明らかにし、さらには、教育・学習の内容から読み取れる思想など、中世人の思考・行動を根底から支えた思想の基盤にも踏み込んでみたい。

第Ⅰ部「中世の基礎教育」では、現代の初等教育に相当する読み書き教育等について、一般庶民・武士階級の場合を中心にみていく。第Ⅱ部「学問と学者」では、朝廷と足利学校の学問・学者について取り上げる。第Ⅲ部「貴族たちの学習」では、室町・戦国期における公家階級の男性・女性がどのようにして知識・教養を身につけたのかを明らかにする。そして、第Ⅳ部「絵巻物・お伽草子と学習」では、現代の漫画の先駆ともいえる中世の絵巻物やお伽草子が教育・学習にも使われたことについて、天皇と公家の事例から考察する。

これらの考察により、中世の教育・学習のあり方と、中世人の行動や思考を支えた知識・教養・思想について明らかにする。これらが中世文化と中世史の研究、さらには日本文化の理解の一助となれば幸いである。

目　次

Ⅳ　絵巻物・お伽草子と学習

第Ⅰ部　中世の基礎教育

第一章　中世日本人のリテラシー―イエズス会士の記述から―

はじめに

「リテラシー」は読み書き能力を意味する英語である。しかし、最近では読み書きだけではなく、「コンピューター・リテラシー」などのように、特定の分野の基礎知識をも意味するようになった(1)。このように「リテラシー」の意味は変化・拡大しつつあるが、ここでは読み書き能力の意味で「リテラシー」を使うことにする。

近代以前の日本人の読み書き能力について考察した研究に、リチャード・ルビンジャー氏著『日本人のリテラシー1600-1900年』がある。同著は日本における読み書き能力を歴史的視野で研究したはじめての書物であるといい、前近代日本のリテラシーに関する研究がいかに少ないかを物語っている。同著では近世の民衆を考察対象としているが、中世の読み書き教育についても若干触れ、十六世紀までに武士階級、上層農民、町場・都市の商人に普及していた読み書きが、豊臣秀吉による兵農分離で武士階級が城下町に移住し、農民が行政文書を読み書きする必要に迫られて、読み書きが村の指導層や日本全土に広まったとしており(2)、近世初期に日本人のリテラシーがさらに普及・向上したと捉えている。しかし、中世末期に来日したイエズス会士たちが記した書簡・著作物等には、九州の鹿児島や島原等において大部分の日本人の男女は読み書きのできたことが書かれており、近世初期の兵農分離以前にすでに日本全国の村で女性も含めて読み書きがかなり普及していたことを示唆している。これらイエズス会士の諸史料はこれまで日本中世のリテラシーの史料としてあまり活用されていなかった現状がある。

実は、イエズス会の史料を用いて十六世紀の日本の読み書き教育について著述している著書に、一九三一年にウエストファリアのミュンステルで刊行されたドロティス・シリング（Drotheus Shiling）著の *Das Schulwesen der Jesuiten in Japan (1551-1614)* があり、日本では岡本良知訳『日本に於ける耶蘇会の学校制度』（東洋堂、一九四三年）[3]と外山卯三郎編『きりしたん文化史』（地平社、一九四四年）に翻訳されている。この著書の「総説（序論）」の「十六世紀日本学校制度」のなかで、十六世紀の日本では仏教の僧侶や尼僧が読み書きや道徳を教え、読み書きのできる日本人が非常に多かったことなどが簡潔にまとめられているが、これらの内容は戦後の日本教育史の研究ではほとんど活用されていない。

また、リテラシーと一語でいっても、読む能力と書く能力とは異なっている。十八世紀以前のヨーロッパでは読む能力の方が識字であるのに対し、日本では書くことの方に重きが置かれてきたことが指摘されている[4]。このことに関しては、イエズス会の宣教師ルイス・フロイスの著『日欧文化比較』（一五八五年）のなかに、ヨーロッパでは読むことから習うが日本では書くことから始めるとあり、日本中世の文字を書く教育の特色についてさらに追究する必要がある。

これまでの日本のリテラシーに関する研究は主に近世以降が考察の対象であった。本章では、中世日本のリテラシーについて、シリング著で活用されていないイエズス会士史料も多く用い、日本側の史料も併用しながら、リテラシーの実態、読み書きの教育機関、文字を書く教育などについて詳しく考察する。

一　読み書きの普及

キリスト教のイエズス会は、十六世紀にルターの宗教改革に対抗する活動の一環として、一五三九年にイグナシオ・デ・ロヨラ、フランシスコ・ザビエルらが設立し、一五四〇年にローマ教皇に認可されたカトリックの会である。また、当時は大航海時代であり、ポルトガルは一五一〇年にインドのゴアを植民地化してアジア貿易の拠点とし、日本にも一五四三年以降ポルトガル商人が九州に来るようになった。[5] このポルトガルの要請によりゴアに布教のために派遣されたザビエルは、マラッカで日本から逃亡してきた日本人アンジローに会い、日本での布教を思い立つ。そして、アンジロー、コスメ・デ・トルレス神父、ジョアン・フェルナンデス修道士らとともに、ザビエルは一五四九年（天文十八）八月十五日（日本の暦では七月二十二日）にアンジローの故郷である薩摩国鹿児島に到着した。[6]

鹿児島滞在中にザビエルが出した一五四九年十一月五日付（ゴアの聖パウロ学院の修道士ら宛）の書簡には、同地のリテラシーについて次のように記している。[7]

（前略）今やこの地では、人々はキリシタンになることを奇異に思わず、彼らの大半は読み書きを知っているので、すぐに祈禱を覚える。（後略）

ザビエルは、同書簡で日本人の特質についてまとめて記している部分にも、「多くの人が読み書きを知っており、デウスのことども祈禱を早く覚える上で、重要な手だてとなる」[8] と書いており、ほとんどの人は読み書きができるので早く祈禱を覚えるとしている。これらの人々が男性に限らず女性も含めての大半の人々であることは、ザビエルがインドに戻ってから出した一五五二年一月二十九日付（コーチン発、ヨーロッパのイエズス会員宛）書簡に、（日本の）大部分の人々は男性も女性も読み書きができる、と記していることにも示されている。[9]

読み書きの普及は肥前国の島原半島においても同様であった。ポルトガル商人であったルイス・デ・アルメイダは、イエズス会に入会して宣教師となり、島原半島の領主有馬義貞の要請を受けたトルレスの命により、島原半島に派遣されて布教を行なった。[10] アルメイダの一五六三年十一月十七日付（横瀬浦発、インドの修道士ら宛）書簡には、島原半島東部の島原について、

（前略）この町で私が気付いたことは、キリシタンになる人は十二歳の子供に至るまで読み書きを知らぬ者がないということであり、彼らがたちまち祈禱を覚えるのもこれがためである。百七十人ほどであったが、すべて（の名）を書いた後、聖なる洗礼について話をするとともに、その際に行なう儀式をことごとく説明した。（後略）

とあり、[11] 洗礼を受ける約一七〇人は一二歳の子供に至るまでみな読み書きができたという。[12]

また、一五六三年にゴアから肥前国大村の横瀬浦に着いたイエズス会のルイス・フロイスは、島原で出した一五六四年十一月十五日付（トルレス宛）書簡のなかで、人々が祈禱をすぐに覚える理由について次のように記している。[13]

（前略）パーテル・ノステルについて説教し、キリシタンらが帰ると、洗礼を受けようとしていた異教徒らに別の説教を行ない、彼らは話したことを理解した風を示した。この地の人々は男も女もほとんど皆、読み書きを知っており、彼らは前日と朝に、祈禱の一部を書き取り、他の事を何もしなかったかのように、すべてをよく暗記したが故に、彼らの熱意に私は甚だ驚嘆した。（後略）

これによれば、島原の異教徒（おそらくみな仏教徒であろう）の男女はほとんどが読み書きができ、祈禱を書き取って覚えたことを指摘している。人々がすぐに祈禱を覚えた理由には、この読み書きの普及があった。

しかし、日本全国のすべての地域で鹿児島や島原のように読み書きが普及していたわけではなかったらしいことが、次のドゥアルテ・ダ・シルヴァ修道士の一五五五年九月二十日付（インドのイエズス会の修道士ら宛）書簡からうかがえる。(14)

或る冬に、山口の市から一里の（宮野）Alienomと称する町において、五十名、もしくは六十名がキリシタンになった。彼らは皆、農夫で、読み書きを知らないが、デウスのことに甚だ熱心なので、非常に学識ある人も彼らの話を聞く時には口をはさめないほどである。その町の仏僧は彼らを妨害したが、彼らと口論して負けると、直ちに同所を去り、彼らは自由になった。（後略）

シルヴァはトルレスとともに周防国山口に行った時に、日本人修道士のロレンソが宮野に派遣されて多くの人々をキリシタンにした。この書簡によれば、宮野の百姓たちは読み書きを知らなかったという。しかし、シルヴァはヨーロッパでの農夫の識字率に関する常識から、そのような先入観をもっていたことも考えられなくはない。

ザビエル、アルメイダ、フロイスの書簡からは、日本人の男女の多くは読み書きができ、そのために祈禱を書き取って素早く覚えることができたことがわかる。九州でキリシタンが急激に増えたのも、このリテラシーの普及に原因の一つがあった。しかし、周防国の宮野のように、日本の村落のなかには読み書き教育が十分に行なわれていなかった所も存在した可能性がある。

二　寺院における読み書き教育

中世末期における読み書きの教育について、ルイス・フロイス著『日欧文化比較』第三章には次のようにある。(15)

われらにおいては、俗人の教師について読み書きを学ぶ。日本では、すべての子供が仏僧の寺で学習する。

ここには、日本の子供たちはみな寺院で読み書きを学ぶことが記されている。この「すべての子供」が女子も含んでいることは、先にも触れたザビエルの一五五二年一月二十九日付書簡に、尼僧たちは自分たちの寺院で少女たちに書くことを教え、坊主たちは少年たちに教えている、とあることからもわかる。[16]

日本の中世では寺院で世俗の子供たちに対する初等・中等教育を行なっていたことが高橋俊乗氏[17]・石川謙氏[18]・結城陸郎氏[19]の研究などで明らかにされている。しかし、イエズス会士の史料については、イエズス会が日本で設立した学校に関する部分がもっぱら引用され[20]、日本の寺院で行なわれた読み書き教育に関する部分は活用されてこなかったといえる。そこで、日本の寺院の読み書き教育に関わる史料を、アルメイダ修道士の書簡のなかから以下に紹介しよう。

アルメイダは、トルレスの指示により一五六三年に島原半島に派遣され、同半島の南端の口之津で布教活動を開始した。彼は同半島の東部の島原に一時期いた後、口之津に戻って来た。アルメイダの一五六三年十一月十七日付（横瀬浦発、インドの修道士ら宛）書簡には次のようにある。[21]

（前略）私は口之津に到着すると、キリシタンから大いに歓迎された。そして、説教のため同地に残した日本人パウロから、私が（同地を）発って以後、諸人は回を追うごとに聴聞に対する熱意を失ってゆき、その子供たちもドチリナに対して同様になっていたが、多くの者は己れの子供に文字を習わせるため仏僧のもとに遣わしており、ごく少数の異教徒がキリシタンになるため聴聞に訪れるに過ぎないことを知らされた。（中略）文字を教えてくれる人が他にいないことから、子に文字を学ばせるため（仏僧の）寺院に遣わしていたのである。（中略）寺院には一つとして学ぶべき徳はないので、文字を学ばせるため子を寺院に遣わす者はキリシタンの数に加えず、教会に子を遣わすべきであり、パウロが彼らに教えるであろうと説いた。話が終ると、彼らは皆、（私が感じたところによれば〕私が求めたことを果たそうと強く望んで立ち去った。この日以来、子供たちはことごとくドチリナのため、またその他（の子供たち）は文字を学びに訪れるようになり、親たちは説教を絶えず聴くようになった。（後略）

口之津の子供たちは読み書きを習うために寺院に通っていたので、アルメイダは教会に来れば日本人パウロが字を教えると説き、子供たちを寺院ではなく教会に通わせて読み書きを学ばせるようにした。同書簡によれば、パウロはトルレスが通訳としてアルメイダに同行させた日本人であり、この教会における読み書き教育の効果で「彼らには漸次、熱情と信心が増して」いき、二十日の間に約一七〇人がキリシタンになったという。

この口之津の例からは、子供たちに読み書きを教える所が寺院しかなかったことがわかるが、それと同時に、宗教機関が子供たちに読み書きを教えたことの理由の一つに信者の確保・増大もねらいとしてあったことが推測される。

アルメイダの一五六六年十月二十日付（志岐島発、イエズス会の修道士ら宛）書簡によれば、トルレスも口之津に居住するようになり、

（前略）司祭は彼らに（日本の）文字の書き方を学ばせており、そのために優れた祐筆なる師が一人いる。彼は世を捨て、この教会でデウスに仕えており、誠実で尊敬すべき人である。

とあるように、[22]トルレスは日本人の書記を子供たちの師匠として彼に日本の文字の書き方を教えさせた。アルメイダは、この地に異教徒は一人もいない、と記しているので、口之津の住民約一二〇〇人は約三年でみなキリシタンに改宗したことになる。それには教会が子供たちに日本語の読み書きを教えるようになったことが大きく影響していたといえよう。

三　文字を書く教育

字を書くことについて、フロイス著『日欧文化比較』第三章には次のようにある。(23)

われらの子供は、まず初めに読むことを習い、次いで書くことを習う。日本の子供は、まず書くことから始め、その後に読むことを学ぶ。

読み書き教育の順序として、ヨーロッパでは読むことから習うが、日本では書くことから習うとしている。前節で引用したアルメイダの一五六六年十月二十日付書簡には、口之津のトルレスの教会では日本人の師匠が子供たちに文字の書き方を教えていたことがみえ、また、先述のザビエルの一五五二年一月二十九日付書簡にも、僧や尼が寺院で少年・少女たちに書くことを教えていたことが記されている。日本の読み書き教育は、ヨーロッパと異なり、まず書くことから始めるのが特徴であり、読み書きができたことはすなわち書くことができたと考えられる。

近世ヨーロッパのリテラシーに関する研究としてよく引用されるのが、ローレンス・ストーン氏著『エリートの攻防―イギリス教育革命史―』(24)である。同著では、一六四二年における国会への忠誠宣誓声明の手書き署名のデータから、字が書ける成人男子の割合を州ごとに算出して表にしている（字が書けない人は記号で署名）。この表に掲げられているイギリスの一四州のデータを合計して計算してみると、字が書ける成人男子の割合は約三〇％になる。なお、ヨーロッパでは書くことはできなくても読むことはできたことが指摘されており、(25)字が読める人の割合はもっと多かったと考えられる。それでも、書くことに関しては当時は日本ほど教育が普及していなかったといえる。

日本では文字を書く教育が庶民にまで普及したことの原因には、仮名文字の存在がある。日本の仮名文字については、ジョアン・ロドリゲス著『日本教会史』[26]（一六三四年成立か）に西洋人の観点から詳しく説明されている。ロドリゲスは一五七七年頃来日してイエズス会に入会し、日本語を習得して通訳を務めていた[27]。同著の第二巻第五章には次のようにある[28]。

　これら本源的綴字に加えて、変化して類似のものに移っていった綴字で補い、そうした上でこの種の文字を庶民階級の一般の人々は使うのであって、韻文はそれを使い固有で自然な日本語で書く。また女性、特に教養ある人々に属する貴族の婦人たちはその書翰を書く時これを用いる。高い身分で教養ある人々もまたその文字に表意文字（漢字）をいくらか混用し織りまぜて用いる。（後略）

「これら本源的綴字」は仮名文字四七字のことを指しており[29]、仮名文字を一般庶民が使い、彼らは韻文（和歌・連歌・俳諧のことであろう）を仮名文字で書いた。そして、上流階級の教養ある女性たちは手紙を書く時に仮名文字を使い、上流階級の教養人の男性は仮名文に漢字を混ぜて書いたことを指摘している。

日本では庶民に至るまで読み書きができたのは、この単純な音節文字の仮名文字のおかげであったといえる。なお、当時の仮名文字には多くの変体仮名があり、現代の平仮名のように一音一字ではなかったが、膨大な数の漢字に比べれば仮名文字の数はわずかである。

仮名文字の学習方法については、毛利氏家臣の玉木吉保の場合、彼の自叙伝『身自鏡』[30]によれば、永禄七年（一五六四）に一三歳で元服して勉学のために勝楽寺に入寺したその日にいろはの書きぞめをし、五日間で仮名文字を習い終えたという。武士の子供たちが寺で最初に習うのは仮名文字の習字であった。

戦国時代の武将の家訓のなかには、習字の大切さを記しているものがある。戦国武将の家訓の多くは文武両道を説いており[31]、習字も文道の一つに含まれる。

武田信玄の弟信繁が永禄元年に一〇歳の息子のために書いた『武田信繁家訓』には、

一、手跡可ㇾ嗜事。語云、三代遺直無ㇾ過二翰墨一。

とあり[32]（第九四条）、手跡、すなわち習字をしっかり稽古せよ、ある書物（何かは不明）には子孫に伝える遺風は墨で書いたものに勝るものはないとある、といっている。

また、尼子氏家臣の多胡辰敬が天文十三年（一五四四）頃に作成した『多胡辰敬家訓』の第一条[33]では、習字と学問の重要性を説いている。

一、第一ニ手習・学文ナリ。物ヲ書事、手半学ト申故也。人ト生レテ物ヲカヽヌハ、誠ニアサマシキ事也。筆者ヲヤトヒ候事、時ニヨリ事ニヨレリ。一大事之儀ナド文ニテ申キタランヲ、我ガ身ニモナラヌ人ニアツラヘテヨミ候ハヾ、密々申事有マジ。（中略）文ノ本末ヲモ知ズ、ヲカシキカナ文マデ人ニカヽセテ、女子ノ所マデツカハンハ、只人ノカハ（皮）キタルチクルイ（畜類）タルベシ。老テクヤシキシギ（仕儀）ト思ヘドモ、手足ノホネスヂコハクナリ、タカキモイヤシキモ用シゲ（繁）ケレバ、マナバレヌミチナリ。ヒトツモ年ノワカキ時、夜ヲ日ニナシテモ手習・学文ヲスベシ。（中略）

筆法ヤ信ヲ知リテ物ヲカケ文字バカリハナラベテモウシ
手習ヲ忘レズカヽバ何トテカ年月ヲヘテタヾニ有ベキ
タイガイニカヽバ手習ヨリ先朝ナタナニ文字ヲタシナメ

つまり、手紙などを他の人に代筆させては秘密の事も書けず、意味がおかしな仮名文を代筆させて女性に送るのは畜類と同じである、年老いてからでは骨筋が固くなるので、少しでも若い時にたくさん習字・学問をせよ、といっている。女性への手紙に関しては、斯波義将が永徳三年（一三八三）に書いたとされている教訓書『竹馬抄』にも、女性への手紙を代筆させては秘密が露顕して口惜しいことだ、とあり[34]、女性へのラブレターを自分で書くことも習字の動機の一つとされている。

このように多胡辰敬の家訓では、習字は自分で手紙を書くためにも必要であることが強調されている。

女性の習字については、上流階級の女性の場合は字が書けることがとくに重要であった。フロイス著『日欧文化比較』第二章には次のようにある[35]。

　われらにおいては、女性が文字を書く心得はあまり普及していない。日本の貴婦人においては、もしその心得がなければ格が下がるものとされる。

ヨーロッパでは文字が書ける女性は少なかったが、日本の上流社会では女性は文字が書けることが必要であった。とくに、字を美しく書くことがその女性に対する評価に関係したと考えられる。鎌倉時代に阿仏尼が著したとされる教訓書『乳母のふみ』には、宮廷に仕える女房が身につけるべき技芸・教養として、「御手などかまへて〳〵うつくしくかゝせ給ひ候へ。手のすぢは、こゝろ〳〵にこのみ、おりにしたがふことにて候へば、ともかくもさだめ申がたうおぼえ候。女の本たいにて《手》はとをかたちにて、はかなき筆のすさみも、人のほどをしはかられ、心のきはも見ゆることにて候。をきものの御づしの御さうしなど給てかゝせたまふほどにとおぼしめし候へ」とあり[36]、字を美しく書きなさい、字からは人柄や心の状態がみえるものだ、といっている。つまり、字は人格を評価する物差しにもなるという。

この『乳母のふみ』では、習字のほかに、和歌、絵を描くこと、琴・琵琶・和琴の演奏、『源氏物語』や『古今和歌集』等を暗記することを勧め、自分の能力次第では賢い主人にも見出されるとしている。これらの技芸・教養のなかで字を美しく書くことを強調していることは、それを重視していたと考えてよかろう。

しかし、室町時代のお伽草子（短編物語類）に属する『乳母の草紙』では、この『乳母のふみ』に対する批判の意味も込めて、もっと現実の社会に即した学習について書いている。この物語は、左大臣の二人の姫君の教育として、妹君の乳母は『源氏物語』等の物語や和歌・琴などを教えたが、姉君の乳母竜王は、「歌詠み、物を書きたるばかりにてはひだるさも止まず、また銭・米にもならぬ物にて候。人はさのみ大様にては叶わぬものなれば、日記・算用をも習わせ給へ」(37)といい、貴族的な妹君のように和歌や手習だけを身につけていたのでは、腹の足しにも銭・米にもならない、「日記」（古代・中世では事務的な記録の意味）の書き方や算数を学習するべきであるとして、姉の姫君に算数を教えている。おそらく作者は、『乳母のふみ』で説いている宮廷女房の技芸・教養だけでは現実の社会を生きていく上で不十分であることを室町・戦国時代の女子たちに諭したかったのであろう。

日本の中世では、庶民も武士も女性も、社会で生きていくためには文字を書けることが必要であるという認識を強くもっていたと考えられ、そのことが当時の社会で文字を書く教育を普及させたと思われる。

おわりに

イエズス会の諸史料を中心に日本側の史料も用いて、中世末期の日本人の識字率、その地域の寺院が読み書き教育を行なったこと、読むことから始めるヨーロッパとは異なって字を書くことから始める日本独特の教育方法などについて明らかにした。

当時の多くの日本人は男性も女性も読み書きができ、そのことはイエズス会士がキリスト教を広める上で役に立った。字が書けることは、書き取ることによって人々に祈禱を早く覚えさせた。また、日本社会の実生活の上では、字が書けることにより、自分で手紙を書くことができ、生計に関わる記録・帳面をつけることができた。字を書く教育の普及は人々の生活や社会を支えていたのであり、そのなかで仮名文字の果たした役割は大きい。中世末期の日本人の文字を書く能力は、仮名文字のおかげで女性・庶民に至るまであまねく広められたといえる。

注

（1）松塚俊三・八鍬友広編『識字と読書―リテラシーの比較社会史―』（叢書・比較教育社会史、昭和堂、二〇一〇年）三頁。
（2）リチャード・ルビンジャー（川村肇訳）『日本人のリテラシー　1600-1900年』（柏書房、二〇〇八年）三七頁。
（3）シリング（岡本良知訳）『〈日本教育史基本文献・史料叢書15〉日本に於ける耶蘇会の学校制度』（大空社、一九九二年）に復刻されている。
（4）松塚・八鍬編前掲注（1）書八頁。
（5）岸野久『ザビエルと日本―キリシタン開教期の研究―』（吉川弘文館、一九九八年）第二章「ザビエルの日本開教とポルトガル商人の役割」参照。
（6）フランシスコ・ザビエルについては、吉田小五郎『ザヴィエル』（人物叢書）（吉川弘文館、一九五九年）、河野純徳訳『聖フランシスコ・ザビエル全書簡1』第一章「生いたち、パリ遊学とイエズス会の創立（一五〇六―一五四一年）」（東洋文庫、平凡社、一九九四年）、岸野久『西洋人の日本発見―ザビエル来日前　日本情報の研究―』（吉川弘文館、一九八九年）、岸野前掲注（5）著、五野井隆史『日本キリスト教史』（吉川弘文館、一九九〇年）、同『日本キリシタン史の研究』（吉川弘文館、二〇〇二年）、結城了悟「ザビエルと日本―人間と文化の出会い―」（ザビエル渡来四五〇周年記念行事委員会編『「東洋の使徒」ザビエルⅠ』、上智大学、一九九九年）等参照。拙著『日本人の生活文化〈くらし・儀式・行事〉』（吉川弘文館、二〇〇八年）第一部第一章1「ザビエルのみた日本人」にも述した。
（7）松田毅一監訳、東光博英訳『十六・七世紀イエズス会日本報告集　第Ⅲ期第1巻』（同朋舎、一九九七年）五二頁。村上直次

郎訳、柳谷武夫編輯『イエズス会士日本通信 上（新異国叢書1）』（雄松堂出版、一九六八年）にも所載。
（8）松田毅一監訳同右、四三頁。
（9）東京大学史料編纂所編『日本関係海外史料　イエズス会日本書翰集　譯文編之一（下）』（東京大学出版会、一九九四年）一〇九頁。前掲拙著注（6）著『日本人の生活文化〈くらし・儀式・行事〉』九五頁で引用して紹介した。
（10）ルイス・デ・アルメイダについては、五野井前掲『日本キリスト教史』注（6）書、第四刷、五二・六六頁等参照。
（11）松田毅一監訳、東光博英訳『十六・七世紀イエズス会日本報告集　第Ⅲ期第2巻』（同朋舎、一九九八年）一一七頁。前掲村上訳注（7）書にも所載。
（12）シリング前掲注（3）著七頁では、男子の受洗者が一二歳以上ではすべて読み書きができたとアルメイダが観察したとし、誤って男子に限定して解釈している。
（13）松田監訳前掲注（11）書二五九頁。
（14）松田監訳前掲注（7）書二〇三頁。シリング前掲注（3）著七頁で指摘している。
（15）松田毅一、E・ヨリッセン『フロイスの日本覚書』（中公新書、一九八三年）八六頁。ルイス・フロイス（岡田章雄訳注）『ヨーロッパ文化と日本文化』（岩波文庫、一九九一年）六四頁にもある。
（16）注（9）。
（17）高橋俊乗『近世学校教育の源流』（永澤金港堂、一九四三年、臨川書店、一九七一年、同『日本教育史基本文献・史料叢書14）近世学校教育の源流』、大空社、一九九二年で復刻）。
（18）石川謙『日本学校史の研究』（小学館、一九六〇年、復刊、日本図書センター、一九七七年）。
（19）結城陸郎「中世日本の寺院学校と民衆教育の発達」（多賀秋五郎編著『中世アジア教育史研究』国書刊行会、一九八〇年）。
（20）石川前掲注（18）著（復刊）一五二～一六五頁、梅根悟監修『世界教育史大系1　日本教育史Ⅰ』（講談社、一九七六年）第二章「中世武家社会の成立と教育」六〇～六五頁（石川松太郎執筆）、尾形裕康『新版　日本教育通史』（早稲田大学出版部、一九七一年）一一八～一二〇頁。

(21) 松田監訳前掲注(11)書一一九～一二〇頁。
(22) 松田毅一監訳、東光博英訳『十六・七世紀イエズス会日本報告集　第Ⅲ期第3巻』(同朋舎、一九九八年)一一八頁。村上直次郎訳、柳谷武夫編輯『イエズス会士日本通信 下(新異国叢書2)』(雄松堂出版、一九六九年)にも所載。
(23) 松田・ヨリッセン前掲注(15)著八六頁。フロイス前掲注(15)著六四頁にもある。
(24) ローレンス・ストーン『エリートの攻防―イギリス教育革命史―』(佐田玄治訳、御茶の水書房、一九八五年)。
(25) 松塚・八鍬前掲注(1)書。
(26) 『ジョアン・ロドリーゲス 日本教会史 上(大航海時代叢書Ⅸ)』(岩波書店、一九六七年)、『ジョアン・ロドリーゲス 日本教会史 下(大航海時代叢書Ⅹ)』(岩波書店、一九七〇年)。
(27) 同右、上「解説」。
(28) 同右、下八八頁。
(29) 同右、下八四～八八頁。
(30) 『第二期戦国史料叢書7 中国史料集』(米原正義校注、人物往来社、一九六六年)。
(31) 小澤富夫編集・校訂『増補改訂 武家家訓・遺訓集成』(ぺりかん社、二〇〇三年)「序」。
(32) 同右、一三〇頁。
(33) 同右、一四六～一四七頁。
(34) 同右、六七～六八頁。
(35) 松田・ヨリッセン前掲注(15)著八二頁。フロイス前掲注(15)著五四頁にもある。
(36) 『群書類従』第二十七輯、雑部(訂正三版、続群書類従完成会)二一四頁。
(37) 『室町物語集 下(新日本古典文学大系55)』(岩波書店、第二刷、一九九五年)三四一～三四二頁。

第二章　興福寺多聞院と庶民の子供たち

はじめに

中世では寺院で子供たちに読み書きなどの初等教育を行なっていた(1)。これらの子供たちは僧侶になる稚児とは別の存在である。結城陸郎氏の中世寺院における庶民教育の研究(2)では、奈良興福寺の『多聞院日記』から、戦国・織豊時代に興福寺の子院の多聞院で手習い（習字）を学ぶ庶民の子供たちについて明らかにしている。一方、藤木久志氏は、多聞院の院主が子供たちに刀指と呼ばれる成人式を行なっていたことを指摘している(3)。これら刀指を行なった子供たちの大部分は、手習いのために多聞院に預けられたのではなく、多聞院に雇い置かれた使用人である。結城氏が挙げた学習者の事例のなかには、使用人として多聞院に置かれた子供たちが少々含まれており(4)、多聞院にいる庶民の子供たちについては、手習い学習者と使用人を区別して考える必要がある。

本章では、戦国・織豊時代に多聞院にいた稚児ではない庶民の子供たちについて、手習いを学ぶ子供たちと、使用人として雇い置かれた子供たちのそれぞれについて考察し、その違いを明らかにしたい(5)。

一　多聞院で学ぶ子供たち

中世奈良の興福寺には、一乗院・大乗院のほかに多くの子院・坊があり、多聞院もその一つである。これら興福寺の諸院・諸坊は、方角・地域により戌亥方・丑寅方・辰巳方・未申方・菩提院方・龍花院方の六方に分けられており、多聞院は菩提院方に属していた(6)。多聞院の所在地は、中世後期の「小五月郷指図(7)」や宝永六年（一七〇九）の「和州南都之図(8)」によれば、興福寺南大門や猿沢の池のそばの東南にあり、また、多聞院の東南には大乗院の広い敷地があった。

一乗院と大乗院の院主は摂関家出身者で門跡であったが、そのほかの子院の院主は大和国の侍身分の者で占められていた(9)。多聞院の場合、『多聞院日記』の記主の一人である院主英俊は、大和国の国人で興福寺の衆徒であった十市氏の縁者であるという(10)。『多聞院日記』は文明十年（一四七八）～文禄五年（一五九六）に書かれ、記主には学賢房宗芸・延尭房賢清・長実房英俊の三人がいるが(11)、このうち英俊の日記（天文八年〔一五三九〕～文禄五年）が同記の大部分を占めており、英俊が二二～七八歳の時に記したものである。本章ではこの英俊の日記を用いて考察する。

多聞院には、手習いを学ぶ子供たちがいた。院主の英俊は、子供たちの手習いを同院の深宗という僧に教えさせている。深宗は、『多聞院日記』では「深宗庵(12)」とも書かれ、英俊は「深宗来たる」という書き方をしているので、多聞院の敷地内で英俊とは別に家屋を構えていたと考えられる。多聞院に手習いを学びに来る子供たちはみな深宗に任されており、これらの子供たちを表1に掲出する(13)。

手習いの子供たちの父である甚三郎・山崎屋・銀屋与二郎・トキヤ《研屋》助二郎・備前右馬は、多聞院に出入りしている商人・職人や地侍階級の人々である。

具体的に、甚三郎の子春辰丸の場合を取り上げてみよう。春辰丸は、『多聞院日記』永禄八年（一五六五）十月十一日条に「甚三郎子春辰丸、十二才、深宗へ為二手習一預ケ了」とあり、英俊は一二歳（数え年）の春辰丸を手習いのために深宗に預けている。

その後、英俊は翌年七月七日に春辰丸に袴を贈っている。十一月十八日には春辰丸のために小袖を仕立てており、この小袖は表地と裏地の間に綿を入れた小袖である。冬になって寒さが厳しくなったので綿入り小袖を作って贈ったと思われる。その翌年の五月四日には春辰丸のために帷子を作らせており、これも季節が夏になったので（陰暦の永禄十年五月四日はユリウス暦では六月十日）、裏地のない夏服の帷子を贈ったのであろう。

しかし、春辰丸はその年の七月二日に下痢をして腹痛を起こし、七日には腹痛のために実家に戻っている。暑い時であるので食べ物にあたったのであろうか。英俊は八月九日に衣服と腹薬を春辰丸の実家に送っている。その後春辰丸は回復したらしく、九月十五日に多聞院に来ている。

そして、十二月二十一日に英俊は春辰丸のために刀指の刀の用意をしている。この刀指は、春辰丸の成人式に相当する。そして翌年一月十三日に春辰丸の刀指が行なわれ、春辰丸は「地下堂」を出て実家に戻った。この地下堂[14]が春辰丸の宿舎であったらしい。

表1　多聞院で深宗に手習いを学ぶ子供たち

手習い開始日	父子の名前(開始の年齢)	手習い終了日	備　　考
永禄8年(1565) 10月11日	甚三郎の子春辰丸(12歳)	永禄11年1月13日	永禄11年 1月13日に刀指
永禄13年(1570) 4月5日	山崎屋の虎松		
天正5年(1577) 4月10日	銀屋与二郎の子		
天正5年(1577) 4月18日	トキヤ助二郎の弟の子		
文禄4年(1595) 2月18日	備前右馬の子御六丸(13歳)		

(『多聞院日記』による)

このように、春辰丸は一二〜一五歳の約二年と少しの間を、地下堂を宿舎として多聞院の深宗から書くことを教わった。院主の英俊は、春辰丸のために季節の変わり目ごとに衣服を仕立てて与え、病気になった時には心配して薬を送り、さらには成人式の刀指も執り行なっている。これら英俊の春辰丸に対する態度は、まるで親が子の世話をするかのように親身なものである。

備前右馬の子御六丸の場合は、父備前右馬が地侍階級で多聞院の経済運営に携っており[15]、御六丸も文禄三年（一五九四）には多聞院の使いのような役目を時々務めている[16]。「御六里ヨリ帰了」[17]などとみえるので、同院に居住していたようであるが、同四年二月十八日条に「御六丸為二手習一深宗へ遣了、錫両種持遣之」とあり、英俊は御六丸を深宗のところへ酒を手土産にもたせて手習いを教わりに行かせている。

これらのほかには、深宗のところに山崎屋の虎松、銀屋与二郎の子、研屋助二郎の弟の子が手習いを教わりに来ている。銀屋与二郎の子の場合は、「銀屋与二郎子手習深宗へ来、サツシ一束持」[18]とあり、習字の練習用と思われる雑紙を一束持参して来ている。

彼らは『多聞院日記』には春辰丸や御六丸ほど多くは記されておらず、刀指を英俊が行なったという記事もみえないので、深宗のところには自宅から通っていたと考えられる。

また、このほかに、女子の事例も『多聞院日記』にみえる。同記天正十五年十一月十五日条に、「ヤとへ今市加賀ムスメ十四才、弟子ニ来了」とあり、今市加賀の一四歳の娘が「宿」に弟子入りしている。この「宿」は、『多聞院日記』には「宿衆」[19]や「ヤトの沙弥」[20]「やとノ尼」[21]などとみえて頻出する。「宿」には沙弥も尼もいるので、多聞院内にあった在家の出家者の集住施設であったと考えられる。田端泰子氏は、この「宿」が布地の調達や仕立て、粉挽きなどを行なっていたことを指摘しており[22]、「宿」の尼たちは衣料や食料関係の作業にも携っていたと推定される。今

表２　多聞院で刀指を行なった使用人

刀指の日	名　前（年齢）	父	雇用の開始	成人の名	多聞院における主人
天文10年（1541）12月18日	春千代				英俊
天正2年（1574）12月29日	藤井丸（16歳）		元亀元年（1570）5月15日	助三郎	英俊
天正8年（1580）12月19日	甚六				英俊
天正8年（1580）12月29日	下三郎				英俊
天正14年（1586）2月6日	政丸（15歳）	腹巻屋藤二郎	天正8年（1580）2月11日	甚三郎	英俊
天正14年（1586）12月30日	青松丸			甚四郎	深円房
天正19年（1591）12月26日	卯松丸	サツマ屋	天正19年（1591）11月25日	新七郎	英俊
天正20年（1592）1月11日	才次	新右衛門	天正18年（1590）12月23日		英俊
天正20年（1592）11月26日	千松（17歳）	中里ト云人	天正19年（1591）		甚六

（『多聞院日記』による）

市加賀の娘は、この「宿」の尼に弟子入りし、読み書きや衣服の仕立て方などを教わったのではないかと思われる。

ところで、『多聞院日記』にはこれらの子供たちの授業料等を徴収したという記事が見当たらない。同記では収入・支出等の数字を細かに書き留めているので、もし授業料を徴収していれば記述しているはずである。また、春辰丸の衣服代や刀代は多聞院が支払っている。おそらく寺は無償で子供たちに手習いの教育をしていたと考えられる。結城陸郎氏は、俗学のためだけではなく寺庵で小間使いをさせていたとしているが(23)、次節で考察するように多聞院には別に子供の使用人がいるので、なお検討する必要があろう。

二　多聞院で刀指をした使用人たち

多聞院には使用人として雇い置かれた子供たちもいた。英俊はその子供たちの刀指の儀礼を多聞院で行なっている。表2は多聞院で刀指をしてもらった使用人の一覧表である。刀指は成人式に相当し、年齢は数え年で藤井丸が一六歳、政丸が一五歳、千松が一七歳であるので、一般的には一〇代の中頃に刀指を行なったと思われる。英俊は刀指の時に藤井丸に助三郎、政丸に甚三郎と名を付けており、刀指によって名前も童名から大人の名前に変わった。

多聞院に雇い置かれたこれらの子供たちは、腹巻屋藤二郎の子政丸の場合から考えると、同院で手習いの学習をしていなかったと推測される。

政丸は、『多聞院日記』天正八年（一五八〇）二月十一日条に「腹巻屋藤二郎子御政九才、当坊ニ可レ置由申間、同心、今日来了」とあり、九歳の時に多聞院に置かれ、一五歳までの七年間を多聞院で養育された(24)。政丸は天正八年十二月十三日と同十年十二月十五日に節季の下行(25)として給分をもらっているので、使用人として多聞院で働いていたことになる。政丸が腹巻細工の職人になるために同十四年二月十三日に多聞院を出た後、英俊は政丸の父藤二郎の夢をみた時に、藤二郎に「何トテ家へ行テ成人ノ子ニ不レ逢ソ」、「何トテ手習幷物ヲモヨマセヌソ」といった、ということを記しており(26)、藤二郎は政丸に手習いも読書もさせていなかったことがわかる。

このように、寺では子供の使用人を預かり置いて仕事をさせ、給分も支給していた。

戦国末期では武士の年貢押領によって寺領の不知行化が進行した。松永久秀は、永禄三年（一五六〇）に興福寺の北に多聞山城を築き、天正元年に織田信長に降伏するまで奈良を支配した。興福寺は松永の奈良支配によって荘園からの収入が激減したという(27)。多聞院も経済的に苦しい状況に追い込まれていた。英俊に仕えていた藤井丸は、天正二年二月十日にほかの職に就くとして多聞院を出ている。それについて英俊は同日に、「十二才ヨリ当年十六才マテ養、今更不便也、毎事収納ナク不レ弁故、可二扶持一ナキマヽ、如レ此、自他只思ワヌワカレ、悲涙々々」と記しており、英俊は藤井丸を一二～一六歳の間養育したが、所領からの収入がないので彼に給分を支払えず、仕方がなかったという。

多聞院には英俊以外の人に仕える子供たちもいた。伊賀国日戸の中里氏の子千松の場合は、天正二十年十一月二十六日条に「去年不慮ニ右京口入ニテ召使処ニ、ヌシニ付テ甚六所ニ去春ヨリ置之」とあり、右京の紹介で思いがけず雇用し、甚六のところに置いている。この甚六は天正八年に多聞院で刀指をした甚六である。また、天正十四年に刀指をした青松丸の場合は、深円房の所従である。

多聞院にいる庶民の子供たちには、深宗に手習いを教わる子供たちとは別に、使用人として置かれて給分を支払われた子供たちがおり、両者は明らかに立場が異なっていた。

おわりに

興福寺多聞院にいた庶民の子供たちには、同院の深宗のところに手習いを学びに来る子供と、院主英俊らに仕えて給分を支払われる子供がいた。

手習いの子供たちのなかには、春辰丸のように地下堂を宿舎とした子供もいたが、ほかの場合は近所の商人・職人など多聞院に親しく出入りしている者の子で、主に自宅から通って来ていた。御六丸の場合は、父が地侍階級で多聞院の経済運営を担当していた備前右馬であり、御六丸は多聞院に居住して使者などを務めることがあったが、途中から深宗に手習いを習いはじめている。また、女子の今市加賀娘が多聞院内の宿衆の尼に弟子入りして読み書きを教わったと思われる。

多聞院ではこれらの手習い学習者から授業料を徴収した形跡がみられず、寺では無償で子供たちに手習いを教えていたと考えられる。

また、多聞院に雇い置かれ、成人式である刀指も行なってもらった子供たちは、十二月の節季の下行など給分を支払われており、明らかに使用人の立場であった。彼らは、政丸の父藤二郎が政丸に手習いを習わせていなかったように、手習い学習者とは別の存在である。もし彼らが手習いも教わったとしたら、御六丸の場合のように『多聞院日記』にそのことが明記されたであろう。

『多聞院日記』からは、院主英俊がこれらの子供たちを預かって親のような気持ちで面倒をみていたことが感じ取れる。無償の手習い教育といい、院主の親身な養育といい、寺院の子供たちの教育に対する懐の深さがうかがわれよう。

注

（1）高橋俊乗『近世学校教育の源流』（永澤金港堂、一九四三年、復刻、同『日本教育史基本文献・史料叢書14）近世学校教育の源流』大空社、一九九二年）、石川謙『日本学校史の研究』（小学館、一九六〇年、復刊、日本図書センター、一九七七年）、結城陸郎「中世日本の寺院学校と民衆教育の発達」（多賀秋五郎編著『中世アジア教育史研究』国書刊行会、一九八〇年）、梅根悟監修『世界教育史大系1　日本教育史Ⅰ』（講談社、一九七六年）第二章「中世武家社会の成立と教育」（石川松太郎執筆）、尾形裕康『新版　日本教育通史』（早稲田大学出版部、一九七一年）、久木幸男「中世民衆教育施設としての村堂について」（『日本教育史研究』六、一九八七年）、竹内明編『日本教育史』（佛教大学通信教育部、一九八九年）等に詳しい。なお中世教育史の研究史については大戸安弘『日本中世教育史の研究―遊歴傾向の展開―』（梓出版社、一九九八年）「序説　日本中世教育史のなかの遊歴傾向」に詳述。

（2）結城前掲「中世日本の寺院学校と民衆教育の発達」［注（1）］。

（3）藤木久志「刀指の祝い」（『戦国史研究』一六、一九八八年）、同「戦う村の若者と子ども」（『歴博』九六、一九九九年）、同「戦国の子どもの成人」（『戦国史研究』五六、二〇〇八年）。

（4）結城前掲「中世日本の寺院学校と民衆教育の発達」［注（1）］。また、田端泰子「中世の『家』と教育」（同『日本中世女性史論』塙書房、一九九四年）では、多聞院にいる子供たちについて、手習い教育を受ける子と召使い・雇用者とを一応区別しているが、後者も多聞院で手習い教育を受けた可能性があるとしている。

（5）『（増補続史料大成）多聞院日記』一〜五（臨川書店、一九七八年）を使用、杉山博編『多聞院日記 索引』（角川書店、一九六七年）を活用した。

（6）『大乗院寺社雑事記』文明元年八月十三日条の「寺中諸院・諸坊事」、渡辺澄夫『増訂畿内庄園の基礎構造 下』（吉川弘文館、一九七〇年）補論三「興福寺六方衆の研究―とくに発生と性格について―」。

（7）高橋康夫・吉田伸之・宮本雅明・伊藤毅編『図集日本都市史』（東京大学出版会、一九九三年）3・14「中世奈良の門前郷」に復元図を掲載。

（8）渡辺前掲注（6）著三一〇頁の次の図。

（9）幡鎌一弘「近世寺僧の『家』と身分の一考察―興福寺の里元を手がかりに―」（『ヒストリア』一四五、一九九四年）。

（10）『（増補続史料大成）多聞院日記』五「解題」。

（11）毛利一憲「多聞院日記巻三の筆者について」（日本古文書学会第十二回学術大会発表要旨）（『古文書研究』一六、一九八一年）、幡鎌一弘「『多聞院日記』とその史料的価値」（シンポジウム「多聞院英俊の時代」実行委員会編『多聞院英俊の時代―中世とは何であったか―』同委員会、二〇〇一年）。

（12）『多聞院日記』永禄十三年四月五日条。

（13）前掲杉山編『多聞院日記 索引』［注（5）］を活用、幡鎌一弘「多聞院長実房英俊が記した南都寺院の教育」（『江戸時代人づくり風土記㉙ふるさとの人と知恵 奈良』農山漁村文化協会、一九九八年）も参照。

（14）安田次郎『中世の奈良 都市民と寺院の支配』（歴史文化ライブラリー、吉川弘文館、一九九八年）「郷と郷民」では、奈良の郷ごとに地下堂があり、郷の人々の集会所で自治の拠点であったとしている。

（15）『多聞院日記』文禄三年十月二十六日条等。幡鎌前掲注（13）論文によれば、備前右馬は十市氏の家来で、大和国備前（現、奈良県天理市）の土豪であったという。
(16)『多聞院日記』文禄三年七月十六日・八月七日条、同四年二月一日条。
(17)同右、文禄三年六月十三日条。
(18)同右、天正五年四月十日条。
(19)同右、天正四年正月四日条。
(20)同右、天正十四年二月二十一日条。
(21)同右、天正十六年五月十三日条。
(22)田端前掲注（4）論文。
(23)結城前掲「中世日本の寺院学校と民衆教育の発達」〔注（1）〕。
(24)『多聞院日記』天正十四年二月十三日条。「政」が政丸であることは、天正九年五月十四日に英俊が「政」の悦酒のために上下と生絹の染め帷を調達し、同月二十九日に「政丸」の上下と生絹の帷が縫いあがって届き祝儀が行なわれていることからも、「政」＝「政丸」であることがわかる。
(25)節季の下行に関しては、十五世紀末期の山科家の場合、年に二回（夏と暮）使用人の各個人に銭・米が「御訪」として支給されており（拙著『中世の武家と公家の「家」』〔吉川弘文館、二〇〇七年〕第三部第一章「山科家の経済と『家』」）、多聞院の十二月の節季下行も同様の毎年十二月に支給される給分である。
(26)『多聞院日記』天正十六年五月十五日条。
(27)安国陽子「戦国期大和の権力と在地構造―興福寺荘園支配の崩壊過程―」（『日本史研究』三四一、一九九一年）、泉谷康夫『興福寺』（吉川弘文館、一九九七年）第六「下剋上と興福寺」。

第三章　毛利氏家臣玉木吉保の学習

はじめに

毛利氏の家臣であった玉木吉保は、戦国時代末期から江戸時代初期にかけて生きた一武士で、天文二十一年（一五五二）七月八日に生まれて寛永十年（一六三三）一月十三日に八二歳で没した。彼の自叙伝『身自鏡《みのかがみ》』は、六六歳の元和三年（一六一七）に自身の身上に起きた事を記憶にもとづいて書いたもので、自筆本が旧長門藩士の玉木家に家系図一巻、古文書一巻（二四通）とともに伝えられた。

玉木家は、紀伊国熊野に住して玉置と称していたが、後醍醐天皇の時に追放されて流浪し、安芸国佐東郡温井村（現、広島県広島市）に来たという。吉保の父忠吉について、三浦周行氏は、玉木家の家系図と古文書から、毛利氏の重臣児玉就忠の配下であったとしている。(1) 忠吉は慶長十四年（一六〇九）に八二歳で没した。

『身自鏡』(2) には、吉保が一三歳の時に毛利元就の御前で元服して真言宗の勝楽寺に学問のために入山したことからはじまり、下山後も学習を続け、毛利氏の麾下で諸合戦に出陣し、毛利家の諸役も務め、それらの合間にも諸芸をたしなんでいたことが書かれている。河合正治氏が述べているように、(3) 戦国武士が寺院で受けた教育はその後の教養の素地となり、彼らにとっては一生が学習期間であった。

これらのなかで、吉保が一三～一五歳の三年間に勝楽寺で学習した内容は、寺院教育の史料としてよく引用される箇所である(4)。米原正義氏は、吉保が入寺して習得したものは戦国武士たちの受容文芸と一致していることを指摘しており(5)、吉保の学習内容は当時の武士が身につけていた知識・教養であったといえる。

本章では、吉保が勝楽寺での三年間と下山後の生涯において学んだ学問・技芸の内容を具体的に示すとともに、各学習の内容にみられる思想にも踏み込んで考察し、これらの学習が戦乱の世を生きた武士にとって果たした意義について考えてみたい。

一　武士の教養と学習

中世の武家の家訓書にみえる共通の内容は、武士は文道・武道の両方を兼ね備えなければならないということである(6)。戦国時代においても、『早雲寺殿廿一箇条』『武田信繁家訓』『多胡辰敬家訓』等の家訓で武士の文武両道の必要性が説かれている。

玉木吉保が勝楽寺の三年間と下山後に学んだ内容は、まさに文武両道であった。彼の一生涯における学習の内容を表3に示そう。

吉保は勝楽寺において、初年の一三歳の時には、文字の読み書きだけでなく、経典・教訓書・往来物や『御成敗式目』(7)も読んでいる。二年目には、論語等の四書・五経、兵法書の『六韜』『三略』など中国の古典を、『和漢朗詠集』で漢詩等を学び、三年目には日本の和歌集・物語・歌学を学んで和歌・連歌を詠み、武士のたしなみとして舞・謡も

表３　『身自鏡』にみえる玉木吉保の学習

年齢	年（西暦）	学習内容
13歳	永禄7年（1564）	〔勝楽寺で〕いろは、仮名文・真名字、『般若心経』『観音経』『庭訓往来』『御成敗式目』『童子教』『実語教』、その他の往来物
14歳	永禄8年（1565）	〔勝楽寺で〕論語、『和漢朗詠集』、四書・五経、『六韜』『三略』等
15歳	永禄9年（1566）	〔勝楽寺で〕楷書、『古今和歌集』『万葉集』『伊勢物語』『源氏一部』『八代集』『九代集』、歌学書、和歌、連歌、舞・謡
		〔勝楽寺で〕師匠（名医）から医学も学ぶ
16歳	永禄10年（1567）	的矢、蹴鞠、乗馬
18歳	永禄12年（1569）	物どもの書き様、筆道、仮名遣い、連歌
20歳	元亀2年（1571）	料理
48歳	慶長4年（1599）	易学
49歳	慶長5年（1600）	茶湯

習っている。また、師匠の俊弘法師が名医であったので、時間の合間に師匠から医学についても教わっていた。

一六歳で勝楽寺から下山すると、この二・三年間は窮屈であったのでしばらく休息するとして、的矢（弓）や蹴鞠をして遊んだ。『身自鏡』には「飛鳥井殿知袋」の蹴鞠の和歌二九首を引用している。また、乗馬の稽古もしており、御前での乗馬や曲馬（追乗・軽乗・落馬）などについて記している。

一八歳の時には、御役目もないのでいろいろ遊び暮らし、物どもの書き様、筆道の分別、仮名遣いの合点を少し習ったといい、仮名遣いについては具体的に要点を列挙している（「ほ」「お」「を」、「ふ」「う」「む」、「ゐ」、「ゑ」の使い方など）。また、連歌についても詳述しており、連歌の決まりごとを詠んだ紹巴の「歌式目」の和歌二三四首を載せている。

二〇歳の時には、世上が豊かになったので種々の遊びをして暮らしたといい、料理について詳しく書き留めている。まず各季節の食材からはじめ、さまざまな魚鳥・野菜の料理法について詳述し、「右是は田舎料理にておかしき事也」と結んでいる。

その後、主君毛利輝元に随い合戦への出陣が続くが、天正九年

（一五八一）の三〇歳(8)（『身自鏡』には二四歳のところに記述）の時には、「世間無事なれば」として伊勢に参宮している。二六歳のところには人が語った「合食禁」（食い合わせ）の和歌一五首がみえる。三〇～三七歳では伊予・長門・周防・出雲・安芸・石見国の各地に検地のために赴いており、検地の方法と百姓の実態について書いている。文禄の役では輝元とともに朝鮮に渡って戦った。

四〇歳の時には伏見城普請のために京都におり、『身自鏡』には京都の小路名と日本の六六国名を列挙している。四四～五〇歳には、大坂の毛利家米方で所々から運送されてきた米を諸方へ配分する役を務めた。四七歳の時には大坂の中禅寺という禅寺で法名を月叟以心と名付けられている。

四八歳の時には大坂で少しの暇があったとして、是三という儒者から易を伝授されており、易名を是空と名乗った。四九歳の時には、ある茶湯の者から茶湯を教わり、その内容を『身自鏡』に書き留めている。

五〇歳の時には、昔勝楽寺で師匠から教わった医学に専心するとして治療を行ない、医名を偽真と称している（法名の以心の音を借りたという）。『身自鏡』には「歌薬性」の和歌一二三首を載せている。

五九歳の時には知行地に隠退しており、閑居のさびしさの余りに「医文車輪書」という物語を創作している。『身自鏡』にはこの全文を載せ、慶長六年（一六〇一）六月の序の後に、物語の本文「心気佐労斎殿、藪偽介白翁殿と合戦の事」が続く。物語では、病名を各自の名に用いた心気佐方一門と藪偽介方（この一家には薬名を付けている）が合戦となり、藪方がみな打ち勝つという内容で、おそらくお伽草子類の『鴉鷺合戦物語』や『精進魚類物語』を模倣して作ったのであろう。『鴉鷺合戦物語』では烏の東市佐真玄と鷺の山城守正素が鳥たちを二分して合戦をしており、また、『精進魚類物語』では鮭大介鰭長の魚鳥類と納豆太郎糸重の精進料理類が合戦をするという、魚・鳥や食材を擬人化したユーモラスな物語である。吉保が創作した物語はこれらのパロディのような作品である。

その後吉保は、昔学んだ古典や和歌を思い出しながら、和歌を詠み、旧友と昔や今の話をし、茶湯などを行なって山里の住居における晩年の日々を過ごした。

二　教訓書にみえる道徳

玉木吉保は、勝楽寺に入った最初の年に教訓書の『実語教』と『童子教』を学んでいる。両書は中世・近世において子供たちの教育のために用いられた教科書である。近世では寛文十年（一六七〇）に解説書の『実語教諺解』『童子教諺解』が刊行され、教科書として流布した。両書には現在の道徳に相当する内容が含まれており、中世・近世にはどのような道徳の共通理念が存在していたのかをうかがい知ることができる。両書の内容を詳しくみていき、中世の人々の道徳について明らかにしよう。

1 『実語教』

『実語教』は、五字を一句として九六句の漢文から成っている。作者には、弘法大師（空海、七七四～八三五年）や護命（七五〇～八三四年）、孔子の説まであるが、どれも確証がなく信じられていない。十三世紀前期頃の長門本『平家物語』に「実語教」の作りかえがあることから、鎌倉初期には広く普及していたとされている[9]。

『実語教』の本文を以下に掲出する[10]。

山高故不レ貴、　以レ有レ樹為レ貴。　人肥故不レ貴、　以レ有レ智為レ貴。　富是一生財、　身滅即共滅。
智是万代財、　命終即随行。　玉不レ磨無レ光、　無レ光為二石瓦一。　人不レ学無レ智、　無レ智為二愚人一。

倉内財有レ朽、　身内才無レ朽。　雖レ積二千両金一、　不レ如二一日学一。　兄弟常不レ合、　慈悲為二兄弟一。
財物永不レ存、　才智為二財物一。　四大日々衰、　心神夜々暗。　幼時不二勤学一、　老後雖二恨悔一、
尚無レ有二所益一。　故読レ書勿レ倦、　学レ文勿二怠時一。　除レ眠通夜誦、　忍レ飢終日習。　雖レ会レ師不レ学、
徒如レ向二市人一。　雖二習読一不レ復、　只如レ計二隣財一。　君子愛二智者一、　小人愛二福人一。　雖レ入二富貴家一、
為二無レ財人一者、　猶如二霜下花一。　雖レ出二貧賤門一、　為二有レ智人一者、　宛如二泥中蓮一。　父母如二天地一、
師君如二日月一。　親族譬如レ葦、　夫婦猶如レ瓦。　父母孝二朝夕一、　師君仕二昼夜一。　交レ友勿二諍事一。
兄レ己尽二礼敬一、　弟レ己致二愛顧一。　人而無レ智者、　不レ異二於木石一。　人而無レ孝者、　不レ異二於畜生一。
不レ交二三学友一、　何遊二七覚林一。　不レ乗二四等船一、　誰渡二八苦海一。　八正路雖レ広、　十悪人不レ往。
無為都雖レ楽、　放逸輩不レ逝。　敬レ老如二父母一、　愛レ幼如二子弟一。　我敬二於他人一、　他人亦敬レ我。
己敬二人之親一、　人亦敬二己親一。　欲レ達二己身一者、　先令レ達二他人一。　見二他人之愁一、　即自共可レ患。
聞二他人之喜一、　則自共可レ悦。　見レ善者速行、　見レ悪者忽避。　修レ善者蒙レ福、　譬如二響応レ音、
好レ悪者招レ禍、　宛如二身随レ影。　雖レ富勿レ忘レ貧、　雖レ貴勿レ軽レ賤。　或始富終貧、　或先貴後賤。
夫雖レ習易レ忘、　音声之浮才、　又易レ学難レ忘、　書筆之博芸。　但有レ食有レ法、　亦有レ身有レ命。
猶不レ忘二農行一、　必莫レ廃二学文一。　故末代学者、　先可レ按二此書一。　是学文之始、　終レ身勿二忘失一。

最初が「山高きがゆえに貴からず、樹あるをもって貴しとなす。人肥たるがゆえに貴からず、智あるをもって貴しとなす」ではじまり、最後に「これ学文のはじめなり、身を終わるまで忘失することなかれ」とある。つまり大ざっぱにいえば、人は智によって貴くなるので、そのためには学問をしなさい、という趣旨であるが、その間の文中には、人に対する心構えなど重要な道徳的内容が盛り込まれている。

冒頭から三九～四一句目の「貧賤の門を出づるといえども、智ある人のためには、あたかも泥中の蓮のごとし」までは、財物よりも才智が重要であるので、年老いた時に後悔しないよう子供の時から寸暇を惜しんで学問をせよ、と説いている。

四二句目の「父母は天地のごとし」から八三・八四句目の「或いははじめは富みて終わり貧しく、或いは先に貴て後に賤し」までは、父母・師君・友・兄弟や他人に対する接し方が書かれている。父母への孝行、師君に仕えること、友とは喧嘩をせず、兄（姉も含む）には尊敬の念をもって礼儀をつくし、弟（妹も含む）には慈愛の念をもつこと、としている。また、他人への対し方として、自分が人から尊敬され、自身が出世したいと思うならば、先ず他人を尊敬し、先に他人を出世させよ、という。そして、善行を奨励して悪行を否定し、金もちになっても貧しかったことを忘れず、貧者を軽んじてはいけないとしている。

八五句目から終わりまでは、学習するにも食べて命あってこそできるもので、農業のありがたさを忘れてはならず、学問も同様にやめてしまってはいけないとする内容である。

これらの内容のもととなった書物には、『論語』『孟子』『礼記』『文選』等や経典など中国の古典や仏書がある。(11) また、仏教語の「四大」（地・水・火・風）、「三学」（戒・定・恵）、「七覚林」（悟りに到達するための七種）、「四等」（慈・悲・喜・捨）、「八苦」、「八正」、「十悪」等の語がみえるので、仏教寺院の僧侶が作成し、その目的は子供たちに学問の大切さと孝心・礼儀・謙虚さなどの道徳を教えるためであったと考えられる。

2 『童子教』

『童子教』は、五字を一句として三三〇句の漢文から成っている。作者には、天台宗の密教（台密）を大成したことで知られる安然（八四一～？年）という説があるが、実否は不明である。写本に永和三年（一三七七）の書写本があり、南北朝期にはかなり流布していたと考えられている(12)。

『童子教』の本文を以下に掲出する(13)。


夫居二貴人前一、顕露不レ得レ立。遇二道路一跪過、有二召事一敬承。両手当レ胸向、慎不レ顧二左右一。

不レ問者不レ答、有レ仰者慎聞。三宝尽二三礼一、神明致二再拝一。人間成二一礼一、師君可二頂戴一。

過レ墓時則慎、過レ社時則下。向二堂塔之前一、不レ可レ行二不浄一。向二聖教之上一、不レ可レ致二無礼一。

人倫者有レ礼、朝廷必有レ法。人而無レ礼者、衆中亦有レ過。交レ衆不二雑言一、事畢者速避。

触レ事不レ違レ朋、言語不レ得レ離。語多者品少、老狗如レ吠レ友。懈怠者食急、疲猿如レ貪レ菓。

勇者必有レ危、夏虫如レ入レ火。鈍者亦無レ過、春鳥如レ遊レ林。人耳者付レ壁、密而勿二讒言一。

人眼者懸レ天、隠而勿二犯用一。車以二三寸轄一、遊二行千里路一。人以二三寸舌一、破二損五尺身一。

口是禍之門、舌是禍之根。使二口如レ鼻者、終レ身敢無レ事。過言一出者、駟追不レ返レ舌。

白圭珠可レ磨、悪言玉難レ磨。禍福者無レ門、唯人在レ所レ招。天作災可レ避、自作災難レ逃。

夫積善之家、必有二余慶一矣。又好レ悪之処、必有二余殃一矣。人而有二陰徳一、必有二陽報一矣。

人而有二陰行一、必有二照名一矣。信力堅固門、災禍雲無レ起。念力強盛家、福祐月増レ光。

心不同如レ面、譬如二水随レ器。不レ挽二他人弓一、不レ騎二他人馬一。見二前車之覆一、為二後車之誡一。

前事之不レ忘、為二後事之師一。善立而名流、寵極而禍多。人者死留レ名、虎者死留レ皮。

治二国土一賢皇、勿レ侮二鰥寡一矣。君子不レ誉レ人、則民作レ怨矣。入レ境而問レ禁、入レ国而問レ国、
入レ郷而随レ郷、入レ俗而随レ俗、入レ門而問レ諱、為レ敬二主人一矣。君所レ無二私諱一、無二二尊号一也。

愚者無㆓遠慮㆒、必可㆑有㆓近憂㆒。如㆓用㆑管闚㆑天、似㆓用㆑針指㆑地。神明罰㆓愚人㆒、非㆑殺為㆑令㆑懲。
師匠打㆓弟子㆒、非㆑悪為㆑令㆑能。生而無㆓貴者㆒、習修成㆓智徳㆒。貴者未㆓必富㆒、富者未㆓必貴㆒。
雖㆑富心多㆑欲、是名為㆓貧人㆒。雖㆑貧心欲㆑足、是名為㆓福人㆒。師不㆑訓㆓弟子㆒、是名為㆓破戒㆒。
師呵㆓-責弟子㆒、是名為㆓持戒㆒。畜㆓悪弟子㆒者、師弟堕㆓地獄㆒。養㆓善弟子㆒者、師弟至㆓仏果㆒。
不㆑順㆑教弟子、早可㆑帰㆓父母㆒。不㆑和者擬㆑冤、成㆓怨敵㆒加㆑害。順㆓悪人㆒不㆑避、緤狗如㆑廻㆑柱、
馴㆓善人㆒不㆑離、大船如㆑浮㆑海。随㆓-順善友㆒者、如㆓麻中蓬直㆒。親㆓-近悪友㆒者、如㆓藪中荊曲㆒。
離㆑祖付㆓疎師㆒、習㆓戒定恵業㆒。根性雖㆓愚鈍㆒、好自致㆓学位㆒。一日学㆓一字㆒、三百六十字。
一字当㆓千金㆒、一点助㆓多生㆒。一日師不㆑疎、況数年師乎。師者三世契、祖者一世眤。
弟子去㆓七尺㆒、師影不㆑可㆑踏。観音為㆓師教㆒、宝冠戴㆓弥陀㆒、勢至為㆓親孝㆒、頂㆓-戴父母骨㆒、
宝瓶納㆓白骨㆒。朝早起洗㆑手、摂㆑意誦㆓経書㆒。夕遅寝洒㆑足、静㆑性案㆓義理㆒。習読不㆑入㆑意、
如㆓酔寝謟語㆒。読㆓千巻㆒不㆑復、無㆑財如㆑臨㆑町。薄㆑衣之冬夜、忍㆑寒通夜誦。乏㆑食之夏日、
除㆑飢終日習。酔㆑酒心狂乱、過㆑食倦㆓学文㆒。温㆑身増㆓睡眠㆒、安㆑身起㆓懈怠㆒。匡衡為㆓夜学㆒、
鑿㆑壁招㆓月光㆒。孫敬為㆓学文㆒、閉㆑戸不㆑通㆑人。蘇秦為㆓学文㆒、錐刺㆑股不㆑眠。俊敬為㆓学文㆒、
縄懸㆑頸不㆑眠。車胤好㆓夜学㆒、聚㆑蛍為㆑灯矣。宣士好㆓夜学㆒、積㆑雪為㆑光矣。休穆入㆓意文㆒、
不㆑知㆓冠之落㆒。高鳳入㆓意文㆒、不㆑知㆓麦之流㆒。劉寔乍㆑織㆑衣、口誦㆑書不㆑息。倪寛乍㆓耕作㆒、
腰帯㆑文不㆑捨。此等人者皆、昼夜好㆓学文㆒、文藻満㆓国家㆒、遂致㆓碩学位㆒。縦磨㆑篁振㆑筒、
口恒誦㆓経論㆒。又削㆑弓短㆑矢、腰常捽㆓文書㆒。張儀誦㆓新古㆒、枯木結㆑菓矣。亀耄誦㆓史記㆒、
古骨得㆑膏矣。伯英九歳初、早到㆓博士位㆒。宋史七十初、好㆑学登㆓師傅㆒。智者雖㆓下劣㆒、

登二高台之閣一。　愚者雖二高位一、　堕二奈梨之底一。　智者作罪者、　大不レ堕二地獄一。　愚者作罪者、
少必堕二地獄一。　愚者常懐レ憂、　譬如二獄中囚一。　智者常歓楽、　猶如二光音天一。　父恩高二於山一、
須弥山尚下。　母徳深二於海一、　滄溟海還浅。　白骨者父淫、　赤肉者母淫。　赤白二渧和、
成二五躰身分一。　処二胎内一十月、　身心恒苦労。　生二胎外一数年、　蒙二父母養育一。　昼者居二父膝一、
蒙二摩頂一多年。　夜者臥二母懐一、　費二乳味一数斛。　朝交二于山野一、　殺レ蹄養二妻子一、　暮臨二于江海一、
漁レ鱗資二身命一。　為レ資二日暮命一、　日夜造二悪業一、　為レ嗜二朝夕味一、　多劫堕二地獄一。　戴レ恩不レ知レ恩、
如二樹鳥枯一レ枝。　蒙レ徳不レ思レ徳、　如二野鹿損一レ草。　酉夢打二其父一、　天雷裂二其身一。　班婦罵二其母一、
霊地吸二其命一。　郭巨為レ養レ母、　掘レ穴得二金釜一。　姜詩去二自婦一、　汲レ水得二庭泉一。　孟宗哭二竹中一、
深雪中抜レ笋。　王祥歎叩レ氷、　堅凍上踊レ魚。　舜子養二盲父一、　涕泣両眼開。　刑渠養二老母一、
噛レ食齢成レ若。　董永売二一身一、　備二孝養御器一。　楊威念二独母一、　虎前啼免レ害。　顔烏墓負レ土、
烏鳥来運レ埋。　許孜自作レ墓、　松柏植作レ墓。　此等人者皆、　父母致二孝養一、　仏神垂二憐愍一、
所願悉成就。　生死命無常、　早可レ欣二涅槃一。　煩悩身不浄、　速可レ求二菩提一。　厭可レ厭娑婆、
会者定離苦。　恐可レ恐六道、　生者必滅悲。　寿命如二蜉蝣一、　朝生夕死矣。　身躰如二芭蕉一、
随レ風易レ壊矣。　綾羅錦繍者、　全非二冥途貯一。　黄金珠玉者、　只一世財宝、　栄花栄耀者、
更非二仏道資一。　官位寵職者、　唯現世名聞。　致二亀鶴之契一、　露命不レ消程。　重二鴛鴦之衾一、
身躰不レ壊間。　忉利摩尼殿、　歎二遷化無常一。　大梵高台閣、　悲二火血刀苦一。　須達之十徳、
無レ留二於無常一。　阿育之七宝、　無レ買二於寿命一。　月支還レ月威、　琰王使被レ縛。　竜帝投レ竜力、
獄卒杖被レ打。　人尤可レ行レ施、　布施菩提粮。　人尤不レ惜レ財、　財宝菩提障。　若人貧窮身、

無二可レ布施財一、見二他布施時一、可レ生二随喜心一。悲心施二一人一、功徳如二大海一。為レ己施二諸人一、
得レ報如二芥子一。聚レ沙為レ塔人、早研二黄金膚一。折レ花供レ仏輩、速結二蓮台趺一。一句信受力、
超二転輪王位一。半偈聞法徳、勝二三千界宝一、上須レ求二仏道一、中可レ報二四恩一。下偏及二六道一
共可レ成二仏道一。為レ誘二引幼童一、注二因果道理一。出二内典外典一、見者勿二誹謗一、聞者不レ生レ笑。

この『童子教』の内容を大きく分類すると、①俗世間における振舞い方、②師匠と弟子のあり方、③学問に励むこと、④父母に孝行すること、⑤仏教への信心、の五つに分けられよう。最後のところには、「幼童を誘引せんがために、因果の道理を注す。内典・外典より出たり、見る者誹謗することなかれ、聞く者笑いを生ぜざれ」とあり、子供たちのために仏書（内典）・儒教書等を出典にして因果の道理について記したとしている。『実語教』と同様に寺院の僧侶が子供たちの教育のために重要な道徳的内容を書いたものであるが、仏教的な側面がさらに強く出ている。

一〜九四句目あたりまでは①俗世間における振舞い方について記しており、貴人、仏・宝・僧、神、人、師君への礼拝の仕方、衆中などの場における振舞い方について述べている。とくに三九〜五四句目には、「口はこれ禍の門、舌はこれ禍の根」ということわざになった有名な言葉があり、余計な一言が一度口から出れば、馬車で追い駆けても取り戻すことはできない、鼻のように口をしゃべらせないでおけば悪いことは起きないとしている。また、八五・八六句目の「郷に入りては郷に随い、俗に入りては俗に随い」もことわざになった有名な言葉で、中国にも同じ意味の成語「入郷随郷」「入郷問俗」がある。

九五〜一四五句目までは②師匠と弟子のあり方について述べている。師匠への尊敬を説いた一三九・一四〇句目の「弟子七尺去りて、師の影を踏むべからず」もよく知られたことわざで、玉木吉保も『身自鏡』の一四歳のところで師範への奉公として引用している。

一四六〜二〇九句目では③学問に励むことを説き、中国の古典のなかに学問を好んだ人物として名がみえる匡衡ら一四人の例を挙げ、さらに、智者と愚者の違いを強調している。

二一〇〜二六五句目では④父母への孝行を説いており、「父の恩は山よりも高し」「母の徳は海よりも深し」とする。ここでも中国の古典から人物を引用しており、親不孝の子の例として酉夢と班婦を挙げた後、郭巨ら一〇人の親孝行の例を挙げている。

二六六〜三二五句目では⑤仏教への信心を説き、布施を勧めている。悟りの境地（涅槃・菩提）に至ることを求め、財宝は菩提の障害になり、施しは菩提の糧になるとしている。

『童子教』では、社会における礼儀作法や余計なことはしゃべらないことなど、実社会における処世術的な教訓が盛り込まれている。また、父母への孝行が強調され、親孝行の具体的な例がすべて中国の古典を出典にしており、親への孝行を孝の基本として説く（『孝経』等）中国の儒教思想が日本の寺院教育に大きな影響を与えていたことが読み取れる。

三　中国と日本の古典

勝楽寺で玉木吉保は、一四歳の時には『身自鏡』に「読物には論語、朗詠、四書五教《(経)》、六稲《(韜)》・三略、其外文書多分読明たり」とあり、中国の四書・五経・兵法書の漢文などを学んでいる。そして、一五歳の時には、「読物には、古今・万葉・伊勢物語・源氏一部・八代集・九代集、其外歌書の口尺《(講釈)》を聞、和歌の道を学び」、すなわち、日本の『古今和歌集』等の和歌集、『伊勢物語』等の物語や和歌・歌学を学んだ。武士がこれら中国・日本の古典・詩歌を学習する目的の一つには、漢文や古文の読み方を教わることがあったと思われるが、その他には実際にどのような意味があったのかを、それぞれの内容から考えてみよう。

四書・五経の五経は、前漢の武帝が『詩経』『書経』『易経』『春秋左氏伝』『礼記』の五経を教授する五経博士を置いたことにはじまる。

『詩経』は、西周から春秋中期頃まで（紀元前十一世紀〜紀元前六世紀）の詩を集めたもので、四家の解釈書『魯詩』『斉詩』『韓詩』『毛詩』のうち『毛詩』だけが伝えられ、宋代に『詩経』と呼ばれるようになった。『書経』（『尚書』）は、伝説的な堯・舜の時代から春秋時代の秦までの名君・賢臣の語録である。『易経』（『周易』）は、六四卦の占いを哲学的に解説した書である。『春秋』は魯の国の年代記（紀元前七二二〜紀元前四八一年）で、三種類の注釈書『公羊伝』『穀梁伝』『左氏伝』のうち、最も歴史的な立場で書かれた左丘明の作といわれる『左氏伝』（『左伝』）が五経の一つになった。『礼記』は前漢末期（紀元前一世紀）に戴聖が編纂した『小戴礼記』のことで、社会・生活の規範を記した書である。

四書は、宋の時代に朱子（朱熹。一一三〇〜一二〇〇年）が『大学』『中庸』『論語』『孟子』に注釈を付けて四書集注を作り、この四つが四書と称されるようになった。

『大学』と『中庸』は、それぞれ『礼記』のなかの一篇を抜き出したものである。『論語』は、孔子（紀元前五五二〜紀元前四七九年）とその弟子たちの言行を後に集めて編纂したものである。『孟子』は、孟子（紀元前三七二〜紀元前二八九年）の言行を、孟子の隠退後に孟子とその弟子たちが編纂したといわれている。

『六韜』と『三略』は古代の兵法書であるが、政治の方法・戦略についても記している。

これらの四書・五経と兵法書(14)は、『詩経』を除けば、君主の政治に関わることが内容の多くを占めている。『論語』では君主の徳による政治を説き、『孟子』では君主が行なうべき政治について現実的に述べ、『易経』では卦の内容を君主の政治と結びつけて解釈している。これらはおおむね政治学の書物であるといっても過言ではなく、その政治思想の根本には人として身につけるべき徳の追求があると思われる。

なお、四書・五経を全部読むにはかなりの年月がかかり、吉保が一四歳の一年間で読み終えたとは考えられない。『身自鏡』では四書の『論語』をまず挙げた後に四書・五経と記しているので、少なくとも『論語』はひと通り読み、四書・五経のその他の書物は全部を読まなかったのではないかと思われる。

一方、吉保が一五歳の時に読んだ日本の古典は、『万葉集』『古今和歌集』や勅撰和歌集を集めた『八代集』などの和歌集、平安時代の物語の『伊勢物語』や『源氏一部』（おそらく、『源氏物語』の注釈書の『源氏一部之抜書』のことであろう）である。また、歌学書の講義を聴き、和歌を詠むことを習っている。

物語を学ぶことについては、室町幕府の管領であった斯波義将が作者とされている『竹馬抄』に次のように書かれている。(15)

尋常しき人は、かならず光源氏の物がたり、清少納言が枕草子などを、目をとゞめていくかへりも覚え侍べきなり。なによりも人のふるまひ、心のよしあしのたゞずまひをしへたるものなり。それにてをのづから心の有人のさまも見しるなり。（後略）

つまり、『源氏物語』や『枕草子』を読むことによって、人の行動や心のあり様を理解し、思慮ある人間とはどういう人物であるのかを知ることができるという。他人の心を理解できる思慮のある人間になるためには、これらの物語を読む必要があるということになる。

また、和歌を詠むことも、四季の変化を感じ取り、感受性を豊かにするためには大いに役に立ったと考えられる。

吉保は、『論語』等の四書・五経からは身につけるべき徳や政治学的内容について、日本の物語・和歌からは他人に対する理解を深めて心豊かな人間になることを学んだにちがいない。これらの古典は、漢文・古文の学習としてだけでなく、人としての人格形成の上でも重要な糧になったと思われる。

四　料理を学ぶ

玉木吉保は二〇歳の時に料理を学んでいる。男性が料理を作ることについては、イエズス会宣教師ルイス・フロイスの著『日欧文化比較』（一五八五年成立）第一一章51に、(16)

ヨーロッパでは普通女性が食事を作る。日本では男性がそれを作る。そして貴人たちは料理を作るために厨房に行くことを立派なことだと思っている。

とあり、中世末の日本では男性が料理を作ることはむしろ当然のことであった(17)。

吉保は料理について「先ず料理・調味、賤しきにあらざる事」といい、人間を構成する五輪（地・水・火・風・空）、五色（青・黄・赤・白・黒。春・夏・秋・冬・土用に相当）、五味（醋・苦・甘・辛・鹹）は人間につきものであると述べている。そして、具体的に食材と料理方法について書いている。

吉保が記している料理の内容は、順に九つに分類できる。以下、九分類した内容（①～⑨）と、それぞれの内容項目を挙げる。

①各季節の料理
　初春・暮春・初夏・暮夏・初秋・暮秋・初冬・ふだん有る物
②魚の膾《なます》

膾になる魚、膾のつま

③鳥の汁物と料理方法

鳥の汁物のつま、鳥の汁物に入れる食材と料理方法、青頸鴨・塩鳥・黒鴨・小鳥・鴨・鳩・雉の汁物の料理方法

④四足動物の料理方法

狸・獺《かわうそ》

⑤魚の汁物の料理方法

鯨・白魚・鱈・鯉・こち・ぶり・小鮎・鯰・ふぐ・鯛・どじょう・河魚・干物・鰯・鯖・いか

⑥野菜など精進類の汁物の料理方法

蔓・萵苣《ちさ》・菜・生芋茎、とろも汁、納豆汁、汁のだし、ぬかみそ汁

⑦各膾の料理方法

料理膾・ぬた膾・ゆ膾・こ膾・からし膾・鮎膾・かそう膾・鰯膾・鯖膾

⑧鰻・鱧の料理方法

⑨各さしみの料理方法

魚、雁・鶴・白鳥・鴨、ます・鰔・鱸

食材としては魚類が多い。鳥類は、現代とは異なり鶏は食べず、また、一部の鳥は刺身としても料理している。野菜・果物類は、⑥のほかには、①と②に食材として筍・柚子・胡瓜・瓜・茄子・大根・椎茸・蕪・牛蒡・うど・はす・栗・松茸・ふき・梨・ざくろ・みょうが等がみえる。なお膾は、食材を細く切って酢などで料理したもので、膾の料

理の種類は現代よりも豊富である。

吉保が料理の方法を具体的に書き留めていることは、彼自身が実際に料理を作っていたと考えられる。料理に関しては、『多胡辰敬家訓』で武士が身につけるべき学問・技芸の一つとして「庖丁（料理調菜）」を挙げており、その理由を次のように述べている。(18)

（前略）人トナレバ人来タル。人来レバ似合々ニモテナシヲスル。主人其心得ナケレバ、ザツシヤウニイラヌモノヲカイモトメ、入物ヲバスクナク尋テ、ミグルシキヤウニシテシツツイハ過分ニ入物也。主其ヲシレバ、何ニテモアレヲ、ク有ル物ヲバヲ、キ所ニヲキ、スクナキ物ヲバスクナキ所ニ見合テ、ナリノヨキヤウニスルナリ。（中略）食ヲ人ニ申スニ、御マハリ・御汁ハ皆々飯ノ供ノ者ノ心也。皆人ソレヲシラズ。飯ヲヲカシクシテ飯ニ心ヲ入ヌハ曲事也。イカニモ内ノ者ニリコンキリヤウナル者有トモ、其ノ主人無器量ナラバヲカシカルベシ。内ノ者ハ不足ナレドモ、主人見事ナレバ其家中ケツカウニミユル。ソノゴトク、先、食ヲシロクヤワ〳〵トスベシ。（中略）カヤウノコト主人シリテ申付レバ、物モイラネドモケツカウニミユルナリ。（後略）

つまり、その客人に合った料理を出してもてなすためには、主人が料理のことについてよく知っている必要がある。そうすれば、主人は使用人に必要な分だけの材料を買いに行かせ、飯・おかず・汁物を正しく料理でき、少ない材料でも結構な料理にみせることができるという。

主人は客人を料理でもてなすためには料理に関する知識を必要とした。また、フロイスの記述によれば貴人も台所で料理を作っており、主人自身が料理を作って客人に出すことがあったと思われる。いずれにせよ、少なくとも、客人に出す料理の献立を考えてどのように料理するのかを決めるのは主人の仕事であった。吉保の料理学習も、いずれ主人として客人をもてなす立場に置かれた時のためには必須と考えて学んだのであろう。

おわりに

一武士であった玉木吉保は、一三〜一五歳の時に勝楽寺において師匠から、読み書き、経典、往来物等、中国の四書・五経や兵法書、漢詩、日本の和歌集・物語、歌学、和歌・連歌、舞・謡を学び、合間には医学までも教わった。そこで学習した内容には、学問だけでなく、儒教・仏教の思想にもとづく道徳、政治的思想の徳、人間の豊かな心や感受性などを表現した物語・和歌も含まれており、人格形成の上でも重要な糧になったと思われる。

吉保の学習内容にみえる儒教・仏教思想にもとづいた孝心・礼儀・謙虚さなどは、中世・近世の人々の心底に共通に存在した道徳といえるのではないだろうか。また、和歌や『源氏物語』等の物語が子供たちの教育に取り入れられていたのは、日本の四季の変化や人の心を感じ取る豊かな感受性、心の深さを重視していたことの表われである。寺院における子供たちの教育は、学問だけでなく、人間の内面も充実させようとする内容であった。

また、子供の時の寺院における学習はその後の人生を豊かにさせた。吉保は下山後も学習を続け、合戦や職務の合間に諸芸をたしなんでいる。二〇歳の時の料理学習は、実生活において客人を接待する場でも役に立つものであった。また、晩年に執筆した創作物語は、医学と文学の知識を活用したユニークな内容であり、吉保の活発な創作意欲を示している。

武士の人生は、たとえ戦乱の世であっても、その人の学習次第で心を豊かにする充実した人生を過ごせたことを、この吉保の『身自鏡』は物語っていよう。

注

（1）三浦周行「或る戦国武士の自叙伝―玉木吉保の身自鏡の研究―」（『史林』五‐一・二・三、一九二〇年、同『日本史の研究』岩波書店、一九二二年、所収）。
（2）『第二期戦国史料叢書7　中国史料集』（米原正義校注、人物往来社、一九六六年）所載。
（3）河合正治『中世武家社会の研究』（吉川弘文館、一九八五年）第一編第七章「戦国武士の教養と宗教」。
（4）高橋俊乗『近世学校教育の源流』（永澤金港堂、一九四三年、復刻、同『（日本教育史基本文献・史料叢書14）近世学校教育の源流』大空社、一九九二年）、石川謙『日本学校史の研究』（小学館、一九六〇年、復刊、日本図書センター、一九七七年）、結城陸郎「中世日本の寺院学校と民衆教育の発達」（多賀秋五郎編著『中世アジア教育史研究』国書刊行会、一九八〇年）、梅根悟監修『世界教育史大系1　日本教育史Ⅰ』（講談社、一九七六年）第二章「中世武家社会の成立と教育」（石川松太郎執筆）、尾形裕康『新版　日本教育通史』（早稲田大学出版部、一九七一年）、籠谷真智子「『身自鏡』について」（『史窓』一二、一九五七年）、奥野中彦「『身自鏡』論―ある戦国武士の生活観―」（『歴史評論』二七四、一九七三年）、竹内明編『日本教育史』（佛教大学通信教育部、一九八九年）、拙著『日本人の生活文化〈くらし・儀式・行事〉』（吉川弘文館、二〇〇八年）第一部第三章4「普及した教育」等。
（5）米原正義『戦国武士と文芸の研究』（おうふう、一九九四年、初版一九七六年）九三一頁。
（6）小澤富夫編集・校訂『増補改訂 武家家訓・遺訓集成』（ぺりかん社、二〇〇三年）「序」参照。
（7）『御成敗式目』が室町時代以降に初等教育の教科書として用いられていたことについては、植木直一郎『御成敗式目研究』（一九三〇年、復刊、名著刊行会、一九七六年）第七篇「御成敗式目と初学教科書」に詳述されている。
（8）三浦前掲注（1）著五六九・五九九頁で天正九年（三〇歳の時）としている。
（9）『日本教科書大系 往来編 第五巻教訓』（石川謙編纂、講談社、一九六九年）「解説」。
（10）『庭訓往来　句双紙（新日本古典文学大系52）』（岩波書店、一九九六年）所収「実語教諺解」に依る。
（11）「実語教諺解」では、もとになったと思われる書物の文章を提示している。

（12）前掲注（9）書。
（13）前掲注（10）書所収「童子教諺解」に依る。
（14）これらの各書物については、『新釈漢文大系』（明治書院）、『中国古典新書』（明徳出版社）、岩波文庫（岩波書店）等に収録されているものを参考にした。
（15）小澤編集・校訂前掲注（6）書六八頁。
（16）ルイス・フロイス（岡田章雄訳注）『ヨーロッパ文化と日本文化』（岩波文庫、一九九一年）五六頁。
（17）拙著『日本人の生活文化〈くらし・儀式・行事〉』［注（4）］八八頁。
（18）小澤編集・校訂前掲注（6）書一五一頁。

第Ⅱ部　学問と学者

第一章　天皇の学問と侍読―花園天皇と後花園天皇―

はじめに

元和元年（一六一五）七月十七日に徳川幕府が発布した「禁中並公家諸法度」の第一条「天子諸芸能之事」は、かつては、天皇の活動を学問や和歌に限定して政治から疎外するものと解釈されてきた。しかし近年では、この第一条が建保元年（一二一三）成立の順徳天皇著『禁秘抄』の「諸芸能事」から引き写されたもので、天皇の諸芸能としては学問と和歌が重要であるとしているのであり、天皇の活動を限定するものではないことが指摘されている(1)。『禁秘抄』(2)の「諸芸能事」では、天皇が身につけるべき諸芸能として①学問、②管絃、③和歌、の三つを挙げている。そのなかで、学問に関しては「不レ学則不レ明二古道一、而能レ政致二太平一者未レ有レ之也」とあり、よい政治を行なって太平の世にするためには学問が必要であるという趣旨が書かれている。つまり天皇の学問は、天皇がよい政治を行なうためのものであった。

天皇はどのような学問教育を受けたのであろうか。中世の天皇の学問教育については、鎌倉時代末期の花園天皇の日記『花園天皇宸記』から同天皇の学問などについて知ることができる。また、室町時代の後花園天皇に関しては、実父伏見宮貞成親王（後崇光院）の日記『看聞日記』や著作の『椿葉記』、同時代の『建内記』『康富記』等の日記など比較的豊富に史料が残っており、同天皇が修得した学問について明らかにすることが可能である。

中世の公家社会の学問・教養に関するこれまでの研究では、芳賀幸四郎氏が室町時代の史料を書籍ごとに集めて考察している(3)。また、読書始に関する尾形裕康氏(4)、中世儒学史の足利衍述氏(5)・和島芳男氏(6)、中世の公家・武家社会の教育に関する籠谷真智子氏(7)などの研究がある。花園天皇の学問については、岩橋小弥太氏著(8)をはじめ言及されることが多い。また、中原・清原氏などの学者に関する論考もある(9)。

しかし、これまでは、天皇に学問を教授した「侍読」の役職とその教育内容、という視点に立った考察はされていなかったと思われる。また、天皇の学問と政治との関係についても、従来は論じられることが少なかったといえる。そこで本章では、まず天皇に学問を教授した侍読の役職とその氏・家などの変化を明らかにする。そして、花園天皇の侍読について具体的に考察し、さらに、後花園天皇の学問について、実父貞成親王の教育理念を探り、後花園天皇の侍読清原氏・菅原氏と、同天皇が彼らから学んだ学問について考察する。花園天皇と後花園天皇の学問・侍読について比較することも試みたいと思う。

中世末期の日本では大部分の男女が読み書きのできたことを、来日したイエズス会士たちが書き記している(10)。このように教育の普及した日本において、天皇の学問に他の諸階層とは異なる独自性があったとすればそれは何かなどについても考えてみたい。

一　天皇の侍読

1　侍　読

天皇や皇太子に学問を教える師匠のことを侍読といった。順徳天皇著『禁秘抄』の「御侍読事」には次のようにある。

> 紀伝御侍読、能々可レ有二精撰一、世之所レ許明事也、東宮践祚御書始以前、公卿勅使宣命草、幷御修法御祭文様物、坊時学士得レ之、又雖レ非二学士一、専一人候之例也、御書始後御侍読者二人也、而三人又有レ例、常事也、及二四人一雖レ有二其例一不二甘心一、況仲章横参時及二五人一、不レ可レ為レ例云々、明経高倉院御時、清原頼業依二才名一被レ召、世人聴レ之、但不レ聴二殿上一、仍立レ砌奉レ授、堀川院御宇、楽人清任奉レ授レ笛、天暦御宇、秀高例也、但如レ此管絃、地下御師匠尤無レ由、同御宇、多忠方・近方等給二神楽曲一、是不レ令レ絶レ家之故也、別儀歟、（中略）御経師殊有二清撰一事也、堀川院御時、唯識論欲レ召二永縁一、匡房雖レ為二大才一、猶非二清浄一ト思ヘリ、上古殊有レ撰、後三条明禅、万人聴レ之、堀川良意（寛治八年十月十四日、於二間、）已下准レ之、近院寛慶僧正也、

ここには紀伝道・明経道・管絃・経典の師匠のことが書かれており、学問に限らずに管絃・経典も含めて、天皇の師匠のことを全般に侍読としている。

紀伝道は中国の史書と漢詩文を中心とした学問で、文章博士はこの分野の博士である。右の記述によれば、皇太子の御読書始以前では、皇太子付きの学士（学士でない場合もある）が一人祗候しているのが慣例であった。御読書始以後の侍読は二～三人が普通であり、四～五人いるのはよくないとしている。

明経道は古代中国の儒学書を中心とした学問で、儒学書には『孝経』、四書の『論語』『大学』『中庸』『孟子』、五経の『易

経』『詩経』『書経』『礼記』『春秋左氏伝』がある。ここでは侍読として高倉天皇の時の清原頼業を挙げている。

清原頼業が地下身分で、清涼殿への昇殿を許されずに殿舎の境目から教授したことから、同じく地下身分であった管絃の師匠[11]について言及している。また、仏教の経典の師匠について僧侶の名を具体的に挙げている。

さらに、『禁秘抄』の「召二侍読一事」では、天皇が学問の侍読を召す時刻・場所について記している。

> 寛平小式、巳時召二侍読一、次御膳也、遺誡、朝膳巳時也、如二清涼殿記一、未時可レ召レ之、只如レ此事可レ在二御意一、
> 御学文殊沙汰之時、更不レ可レ及二時刻沙汰一事也、
> 侍読候二朝餉中間縁一、主上巻二御簾一有二誦習一、

寛平の小式、すなわち宇多天皇の時の決まりでは、朝膳の巳の時（午前一〇時頃）に侍読を召すとしているが、「清涼殿記」には未の刻（午後二時頃）とあり、『禁秘抄』の著者順徳天皇は、時刻は天皇の意向次第であるとしている。また、侍読は清涼殿の朝餉の間の縁に祗候し、天皇は御簾を巻上げて誦習するという。同書の「被レ聴二台盤所一之人」には、「侍読人候二鬼間一、依レ召参常事也」とみえるので、侍読は清涼殿の鬼の間に祗候して、天皇から召されると朝餉の間の縁に祗候したと考えられる。ここでの侍読は、学問を教授する侍読のことを指している。

侍読が朝餉の間の縁に祗候するのは、侍読の官位・官職が低いため、天皇と同室することができなかったからである。北畠親房著『職原抄』[12]によれば、大学寮の長官である大学頭は従五位上に相当し、紀伝道の学者がなる文章博士は従五位下、明経博士は正六位下に相当する。これらは昇殿できない地下官人の身分である。先述の高倉天皇侍読で昇殿を許されなかった清原頼業は、正五位下であった。なお、紀伝道の菅原氏・藤原氏の場合は、より高位の他の官職に就くなどして四位以上になった侍読が多い[13]。

２　御読書始の侍読

天皇または皇太子がはじめて師匠から学問を教わる儀式が御読書始である。この御読書始では侍読と尚復が師匠役を務めた。平安時代の『江家次第』[14]の「御読書始事」には、『新儀式』[15]の「御読書事」とほぼ同文で「近代雖レ可レ御二読七経一、只以下紀伝道儒博学被レ聴二昇殿一之輩上、多為二侍読之人一、又尚復以二六位蔵人昇殿人中成業者一、便為二都講一」とあり、近年では紀伝道の博士で昇殿を許された人が多く侍読を務め、尚復は六位蔵人で昇殿を許された成業（秀才・進士・明経等の国家試験に合格して官職任用の資格のある者）の人が務めているという。

『江家次第』の「御読書始事」によれば、御読書始の儀式の次第は以下の通りである。

清涼殿の昼御座の西面に天皇の座と摂政の座が設けられ、昼御座の東にある孫廂に博士（侍読）・尚復と王・公卿の座が設けられる。天皇の前には案（机のこと）が立てられ、『御注孝経』（巻紙）と点図・角筆が置かれる。天皇・摂政・王・公卿・博士・尚復の順にそれぞれが座に着くと、博士が天皇の案のもとに膝行し、書物を開いて案の上に置き、点図も開いて置き、座に戻る。次に、尚復が「文《もん》」といい、博士が自分の書物を開いて「御注孝経序」と読むと、尚復が「ここまで」という。天皇が「御注孝経序」と読むと、尚復も「御注孝経序」という。そして、博士・尚復は書物を巻いて座を退下し、王・公卿等も退下する。天皇も入御した後、摂政以下公卿たちは殿上の饗に着座して一献・汁・菓子（果物）が出される。

以上が御読書始の儀式である。御読書始に用いられる書物は、ほとんどが唐の玄宗皇帝が『孝経』について注解した書物である『御注孝経』であった[16]。

この天皇家の御読書始については、尾形裕康氏が平安〜江戸時代の天皇・親王の御読書始の一覧表を作成し、御読書始の侍読・尚復等について記入している。この侍読の氏・家の変遷をみることによって、侍読を輩出した家の変化がわかる。そこで、この尾形氏作成の一覧表にみえる中世の御読書始（後鳥羽天皇～正親町天皇）の侍読について、『尊卑分脈』所載の系図から該当する人物を探し出し、時代と氏・家ごとに分類して表にしてみた[17]。なお、取り上げた御読書始は天皇と皇太子に限定し、それ以外の親王の場合は除外した（表4）。

この表によれば、鎌倉時代（十二世紀末～一三三三年）では、菅原氏と藤原氏が侍読を二分している。平安時代には大江氏と菅原氏が多かったが、大江氏は鎌倉時代には姿を消している。

菅原氏は、道真の子孫である定義の子が三家を形成した。定義の七人の子のうち、次男の是綱の子孫は高辻家を形成し、ここから五条家が分流している（図1）。四男の在良の子孫は唐橋家を形成し、六男の輔方の子孫は南北朝期以後は衰えた。鎌倉時代では菅原氏の高辻家・唐橋家・輔方子孫の三家から侍読を出している。藤原氏では、南家の貞嗣の子孫、北家の真夏の子孫（日野流）、式家の明衡の子孫から侍読が出ている。

南北朝時代（一三三六～一三九二年）の御読書始の侍読は、菅原氏では東坊城家・唐橋家・輔方子孫から出ており、藤原氏では北家の日野流のみに変っている。日野流は、鎌倉時代の日野資実の子孫は室町時代に将軍足利家の外戚・近臣公家となり[18]、学者の家としての性格が薄れていった。また、新たに

表4　中世天皇・皇太子の御読書始の侍読

氏・家		鎌倉時代	南北朝時代	室町・戦国時代
菅原氏	高辻家	長成		章長・長雅
	東坊城家		長綱	秀長・長遠・益長・和長
	唐橋家	資宗・在輔	在登・在淳	
	輔方子孫	淳高・在兼・在経	高嗣	
藤原氏	南家　貞嗣子孫	頼範		
	北家　真夏子孫	兼光・資実・光国	顕盛	
	式家　明衡子孫	基長・兼倫		
清原氏			良賢	頼季・宗業・宗賢・宣賢・業賢

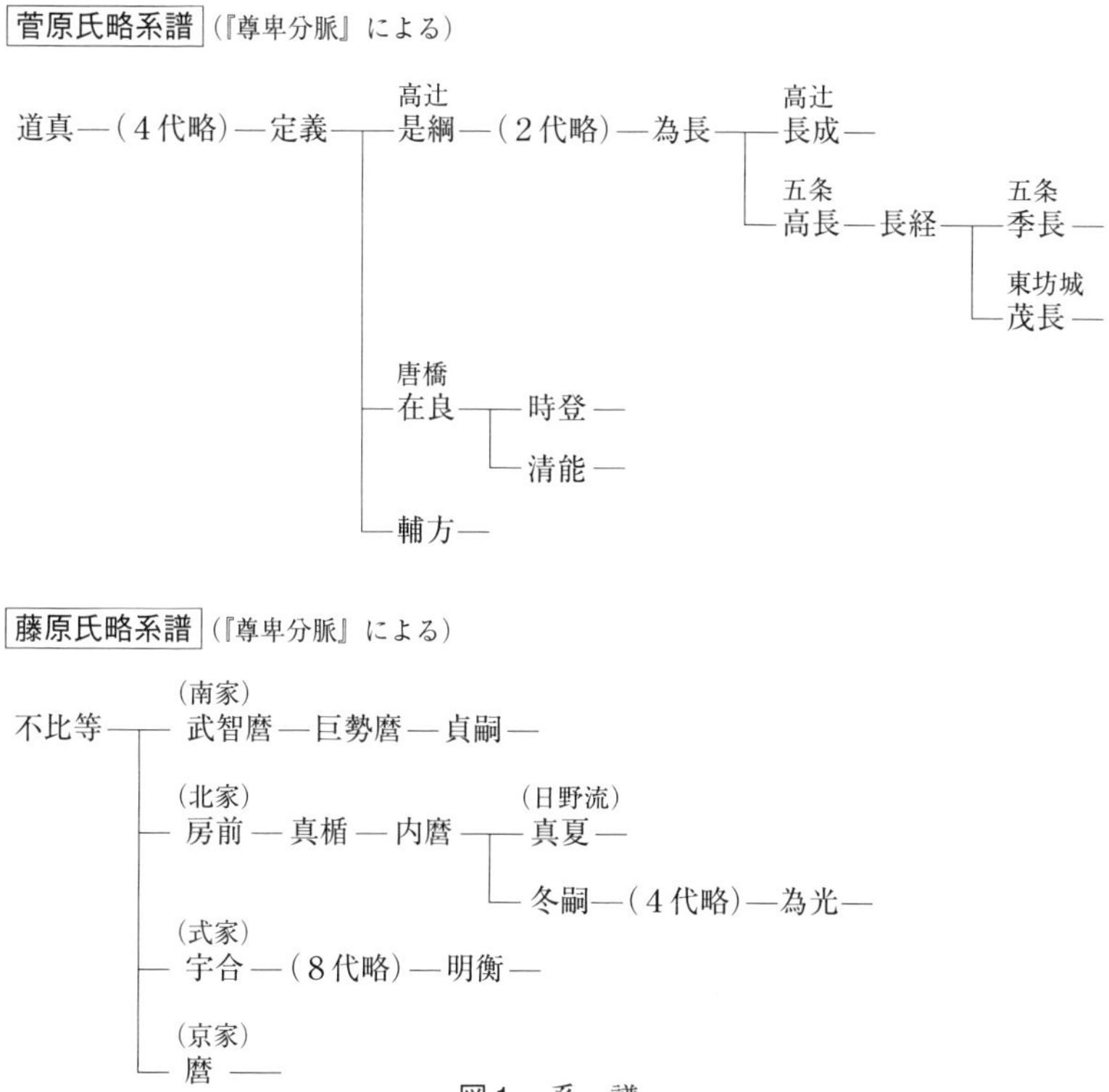

図1　系　譜

清原氏が加わり、良賢が侍読を務めている。

室町・戦国時代（一三九三～一五七三年）の御読書始では、藤原氏の侍読はいなくなり、代わって清原氏が多くなる。また菅原氏では、高辻家と、高辻家の五条家から分流した東坊城家から多く侍読を輩出している。

中世を通して天皇・皇太子の御読書始の侍読を務めた氏・家を概観してみると、鎌倉時代には菅原氏と藤原氏の南家・北家日野流・式家が務めていた侍読は、室町・戦国時代には藤原氏が消え去り、菅原氏の高辻家・東坊城家と清原氏で占められるようになった。この侍読の氏・家の変化は、御読書始に限らず、日頃の天皇・皇太子の侍読においても同じ傾向であったと考えられる。

二　花園天皇の侍読

花園天皇の侍読について、具体的に取り上げて考察してみよう。花園天皇の侍読については、『菅儒侍読年譜』[19]と同天皇の日記『花園天皇宸記』[20]などにみえる。

花園天皇、すなわち富仁親王は、正安三年（一三〇一）八月二十四日に五歳で後二条天皇の皇太子となり、この日に菅原在経（散位従四位下）が侍読に任じられた。七歳の嘉元元年（一三〇三）十二月十九日に行なわれた御読書始の侍読も在経が務めている。そして徳治三年（一三〇八）三月四日には在経の子家高（散位従五位下）が侍読になっている（『菅儒侍読年譜』）。在経・家高は、菅原氏の輔方の子孫である。

富仁親王は同年八月二十六日に践祚し、十一月十六日に天皇に即位した。以後、この花園天皇の侍読を務めた者としては、上皇の時も含めて、菅原在兼、藤原具範、菅原在輔、藤原種範、藤原俊範、清原教元、菅原公時、中原章任、中原師夏がいる[21]。

菅原在兼は、輔方の子孫で在経の父であり、延慶二年（一三〇九）五月に侍読になっている（このとき正三位勘解由長官）（『菅儒侍読年譜』）。在兼が教授した書物はわからないが、元亨元年（一三二一）六月二十三日に在兼が没した時に、花園天皇（この時は上皇）は「猶在兼卿事悲歎無レ極、風月文遊之席、以レ誰為レ師乎、思慕無レ止」（二十四日条）と日記に記しており、同天皇にとって在兼は二人といない漢詩文の師匠であった。

藤原具範は、藤原氏南家の貞嗣の子孫で、経範の曾孫にあたる。延慶三年十月三日に侍読としてはじめて出仕し、朝餉の間の縁に祗候した（この時従三位）。読んだ書物は史書の『孝文本紀』である。しかしその後、侍読としての具範の名は『花園天皇宸記』にみえない。

菅原在輔は、在良の子清能の子孫（唐橋家）で、延慶三年二月十五日に侍読に加えられた（このとき従二位式部大輔）（『菅儒侍読年譜』）。『花園天皇宸記』応長元年（一三一一）二月二十七日条には「式部大輔藤原朝臣在輔、被レ仰二侍読一之後初参」とあるが、「藤原」は「菅原」の誤りである。在輔はこの日には束帯を着て朝餉の間の縁に候し、『五帝本紀』を読んだ。その後、在輔は、同年～正和二年（一三一三）に『漢書』『後漢書』、正和三年に『群書治要』を侍読として読んでいる。

藤原種範は、藤原氏北家の師輔の子為光の子孫であるが、種範の祖父邦俊が北家日野流の基定の猶子となって儒学を継いだ(22)。種範は応長元年五月六日に侍読としてはじめて祗候し（このとき正四位下）、『孝文本紀』を読み、同月二十三日には『臣軌』（唐の則天武后撰）を天皇に授けている(23)。

藤原俊範は、南家の貞嗣の子孫で、経範の孫にあたる。正和二年一月九日に侍読としてはじめて祗候して『文選』を読んだ(24)（このとき正四位下）。

清原教元は、『花園天皇宸記』文保元年（一三一七）三月四日条には「大外記清原教光始侍読、尚書序」とあるが、『外記補任』(25)の正和六年（文保元年）と文保二年には大外記として「正五上清教元」とみえるので、「教光」ではなく「教元」が正しい。しかしその後は侍読として名がみえない。『系図纂要』(26)の教元のところには「関東評定衆」と書かれており、また、（年未詳）三月二十九日金沢貞顕書状(27)（「金沢文庫文書」）に「今日奉行大外史教元御教書持来候」とみえ、教元は鎌倉幕府の官僚として活動しているので、以後は幕府に移ったと考えられる。教元の祖父教隆も、鎌倉に下向して幕府の引付衆になっている(28)。

菅原公時は、唐橋家の公氏の孫にあたり、前述した在兼の養子になっている(29)。『花園天皇宸記』文保元年六月七日条に「受二外戚楚王世家一公時朝臣侍読、」とみえ、『史記』の「外戚世家」を天皇に教授している。また、正中元年（一三二四）一月十五日に後醍醐天皇が寝殿西面で作文の会を催して花園上皇も出席したときに、上皇は人数が多かったため公時を呼ばなかった。しかし上皇は侍読の公時を呼ばなかったことを後悔しており、公時も後日上皇に「侍読不レ被レ召、未レ聞二先例一」と言って愁い申している。

中原章任は、明法道家の大判事で、章継の子である。[30] 花園上皇は元応元年（一三一九）閏七月二十二日に章任を召して律令の令を読みはじめた。同二年には律を読み、章任は同年十一月十日に律令全巻を教授し終えている。『花園天皇宸記』正中元年十二月晦日条に記されている今年所学目録には令と律に「章任侍読」と記されている。

中原師夏は、大外記を務める局務家の中原氏で、師朝の曾孫にあたる。[31] 元亨二年（一三二二）に自らの希望により、前権大納言日野俊光を仲介に花園上皇に申し出て侍読になった。上皇は日記に「明経道侍読、凡希有事也、然而近代為二流例一、中家雖二少例一、師者已為レ例而已、不レ可レ有二子細一乎」と記しており、[32] 明経道の侍読は以前はあまり例がなかったという。師夏は同三年五月二十三日～翌正中元年十二月十一日に『礼記』二〇巻を教授し、同月十三日からは『毛詩』を読みはじめている。師夏の読み方は、清原氏の「引音」と異なり、「切音」であった。[33]

以上、花園天皇が皇太子～上皇の時の侍読としては一一人がいた。一一人の内訳は、菅原氏が五人（輔方子孫三人、唐橋家二人）、藤原氏が三人（南家二人、北家一人）、清原氏が一人、明法道の中原氏が一人、明経道の中原氏（局務家）が一人である。読んだ書物は、菅原氏は紀伝道の家にふさわしく『漢書』『後漢書』『史記』等の史書が中心である。藤原氏南家は、史書の『孝文本紀』と『文選』を読み、一族は文章博士に任じられているので、これも紀伝道である。花園天皇の侍読には紀伝道の学者が多かったといえる。明経道の中原氏と清原氏は、五経書のうち『尚書』（書経）、『礼記』、『毛詩』（詩経）を読んでいる。

花園が天皇のとき（延慶元年〜文保二年）の侍読としては、菅原在輔が比較的長く務めているが、藤原氏南家の具範・俊範、北家の種範、清原教元は短期間であったようである。また、上皇時代では、中原章任からの律令を修了した後に、中原師夏を侍読にしている。菅原公時は、天皇時代からずっと侍読であったと思われる。つまり、侍読の人数は常時二〜三人であったといえよう。

花園天皇は非常に学問を好み、自分からも積極的に多くの書物を読んでいた。『花園天皇宸記』正中元年十二月晦日条と同二年十二月三十日条には、「今年所学目録」として書籍名が多数挙げられている。また、花園は元弘元年（一三三一）から『春秋左氏伝』を読みはじめているが、「左伝自二去年一読レ之、今日終功、余此書未レ終二一部之功一、欲レ受レ説、而無二其仁一之間、先読レ之」と記しており[34]、『春秋左氏伝』を教授できる人がいなかったので先ず自分で読むとしている。花園天皇の学問への熱意と努力は生涯続いている。

三　後花園天皇の学問

1　父貞成親王の教訓

後花園天皇は、伏見宮貞成親王（後崇光院）の長男で、名は彦仁である。南北朝時代、北朝では崇光天皇のあとを弟の後光厳天皇が継ぎ、天皇位は後光厳の系統に継がれていった。崇光天皇の皇子栄仁親王は伏見宮家を設立し、栄仁の長男治仁が没すると、治仁の弟貞成が伏見宮家を継いだ。一方、後光厳の曾孫称光天皇には皇子がおらず、称光の弟小川宮も応永三十二年（一四二五）に若くして没したため、正長元年（一四二八）七月に称光の病状が悪化すると、急きょ彦仁が後小松上皇の猶子にされた。そして、二十日に称光が崩御し、彦仁は二十八日に践祚して、翌永享元年（一四二九）十二月二十七日に一一歳で天皇に即位した(35)。

彦仁（後花園天皇）の皇位継承は、思いがけずも伏見宮家に幸運をもたらしたが、父貞成としては息子後花園の行く末が心配であった。後花園が永享五年一月三日に一五歳で元服すると、貞成は、元服したばかりの後花園にさまざまな思いを伝えるために『椿葉記』を執筆した。

貞成は『椿葉記』(36)のなかで、後花園天皇が身につけるべきものとして、①音楽、②学問、③和歌、の三つを挙げている。

①音楽については、

そも〱楽のみち《道》の事、代々は十さい《歳》よりうちにこそ御さた《沙汰》ありしに、すでに御せいじん《成人》になるまでそのぎ《儀》もなき、こゝろえなくおぼえ侍る、御笛あそばさるべしときこゆれば、ゐん《院》の御れいめでたき御事なるべし、又絃管をあひならべてあそばさるゝ、せんれいのみこそあれ、あひかまへて御琵琶をもあそばさるべきなり、（中略）当時は園ちうなごん《中納言》・孝長朝臣ならではびは《琵琶》ひく人なし、（中略）その《園》のちうなごんは代々ちよく弟なれども、きみの御師範にまいりたるれいなし、孝長のあそんは当道のものなるうへ、だい〱御しはん《師範》にまいれば、もっともめ《召》さるべきもの也、

と記している。後花園はこの一五歳になるまで楽器の演奏を教わっておらず、貞成は笛と琵琶の習得を勧め、琵琶の師範として園権中納言基秀と藤原孝長を挙げている。園家は持明院家の庶流で、琵琶を専門としていた。藤原孝長は、朝廷の楽所預であった藤原孝道の子孫である(37)。

②学問については次のようにある。

又なによりも御がくもん《学問》を御さたあるべき事なり、一でう《条》のゐん《院》、ごしゆじやくゐん《後朱雀院》、ご三でうの院など、ことさら大さい御名誉まし〱て、賢王聖代とも申つたへはんべる也、されば人君は不レ可レ不レ学と本もんにもいへ

り、しかれば文学和漢の才芸はいかにも御たしなみあるべき御事なり、御ちぜい《（治世）》にてあらむときも、洪才博覧にまし〳〵てこそせいだう《（政道）》をもよくをこなはれんずれ、雑訴などの大事、関白・大臣以下のしんか《（臣下）》のしかるべき人にちよくもん《（勅問）》ある事なり、法家の勘状などめ《（召）》されて、だうり《（道理）》にまかせて御さたあれば、きみの御あやまり《（誤）》はなきなり、慈鎮和尚のかきをかれたる物にも、よろづの事は道理といふ二のもんじ《（文字）》におさまるよし見えはんべれば、げにも肝要にて侍るなり、

ここでは、よい政道を行なうためにはすぐれた才能と広い知識が必要であるといい、朝廷における雑訴沙汰のときに関白・大臣等に勅問をし、明法家の提出した勘文を読んで道理に従って裁決すれば、天皇として誤りはない、といっている。つまり、天皇は学問することによって幅広い知識を身につけて能力をみがき、朝廷で行なわれる訴訟・裁判の時には公卿・明法家たちの意見を聞いて天皇が正しい判断を下すことを求めている。先述の『禁秘抄』と同様に、天皇の学問は政治のためのものであった。

また、③和歌については、

又　わか《（和歌）》のみちはむかしより代々聖主ことにもてあそびまし〳〵て、万葉集以来八代集、ちかき代までもちよくせん《（勅撰）》ありつるに、この一りやう《（両）》代中絶しはんべる、みちの零落むねんなる事なり、むろ《（室）》町殿かだうの御すきにてあれば、たうだい《（当代）》いかにもせんじふ《（撰集）》再興のさたはありぬべし、和歌に師なし、古歌をもてし《（師）》とすといへり、しかれば万葉・古今いらいだい〳〵のしう、先達の抄、げんじ《（源氏）》、伊勢物語などやうの物をも、せんだちのくでん《（口伝）》のせう物ども御らんぜられ、四きおりふしにつけたる風情、朝暮御心にかけられて御たしなみ有べき御事也、

とある。『万葉集』『古今和歌集』以来の代々の和歌集や、『源氏物語』『伊勢物語』等の物語を読むことを勧め、四季の風情に常に心を懸けよといっている。四季の移り変りが顕著な日本では、四季折々の風情を感じ取る豊かな感受性

と、それらを和歌に詠み込む教養が天皇にも必要と考えられていたのである。

貞成が子後花園天皇のために執筆した『椿葉記』には、①音楽、②学問、③和歌を嗜むことが説かれており、それは、順徳天皇著『禁秘抄』に書かれた天皇の「諸芸能事」を引き継ぐものであった。この室町時代の十五世紀前半は、室町幕府の将軍足利氏の権力が強化して、朝廷の政治的な権力は幕府に奪取されつつあった。しかし、『椿葉記』によれば、それでもなお朝廷には訴訟がもち込まれて雑訴沙汰が行なわれていた。天皇には政治の場において賢明な判断を下すことが求められており、そのためにも天皇は幅広く学問をすることが必要と考えられていたのである。

2　後花園天皇の侍読と学問

後花園天皇は、践祚した翌年の永享元年（正長二・一四二九）一二月十七日に一一歳で御読書始を行なった。『薩戒記』(38)同日条には、

> 後聞、今日主上有二御読書始事一、少納言宗業真人参二議定所一、奉レ授二孝経一、宗業束帯持レ笏、先候二下侍一、依レ召参上云々、先内々儀也、上皇御例云々、委可二尋注一也、

とあり、少納言の清原宗業が侍読を務め、議定所において行なわれた。この御読書始の担当奉行は権大納言の万里小路時房で、時房の日記『建内記』等によれば、時房はこの読書始以降、後花園天皇の学問について奉行として差配している。(39)

侍読の清原宗業は明経道の官人で、一の1で触れた清原頼業の子孫である。高倉天皇の侍読の頼業は大外記等を務めた官人で、頼業の子孫の良季・良枝も鎌倉時代に代々の天皇の侍読を務めた。南北朝時代に大外記・少納言等を務めた良賢（宗業の祖父）は、後光厳・後円融・後小松天皇、崇光上皇とその皇子栄仁親王の侍読を務めている。(40)

宗業は後花園天皇の御読書始で『孝経』を教授した。この後も『孝経』の教授は続き、同年三月二十九日には宗業の子業忠（本名良宣）が父の代りに祗候している。『建内記』同日条には次のようにある。[41]

大外記清原業忠（中略）今日候二　禁裏御読書一、又宗業真人今春参仕申二沙汰之一、孝経序也、業忠為二其器一、為二代官一同可レ参之由有二院仰一、大樹尊慮又以同前、今日依二吉曜一所二初参一也、大外記参二御読一例、曽祖父良賢真人例也、雖レ未レ聴二仙籍一、内々経二御湯殿辺一参二御学問所一了、仍今日不レ昇二殿上一、自二東面艮角一沓脱内々昇レ之、依二予目許一也、候二東面簀子一奉レ授二孝経序一、先自レ端令二復読一給、次奉レ授二新所一了、束帯（持笏、昇沓脱之時、有揖、）持レ笏、突レ字奉レ教レ之、玉座敷二御茵一、御引直衣也、業忠参仕初度也、可レ着二御直衣一之由計申入了、御文台等如レ例、予（直衣）同候二御前簀子一了、六位蔵人一向不レ参、仍不レ及二円座之沙汰一、且至徳度（良賢参仕、）円座事無二所見一、依レ未二昇進一歟、帝師不レ敷二円座一、予独可レ用之条有二斟酌一、仍無二其儀一、豈非レ崇二文之道一哉、

これによれば業忠は、その能力を認められて天皇の読書に祗候することになったが、昇殿を許されていないため、学問所に祗候して、殿上には上がらずに東面の簀子に候して教授した。束帯を着して笏をもった業忠は、笏で字を指して教えている。六位蔵人が業忠の円座の用意をしなかったために、業忠は直に簀子に座している。

天皇への『孝経』教授は、宗業と業忠が交互に参仕して、同年八月二十八日に終了した。[42]

業忠が祗候した学問所は、清涼殿の一室である。高橋俊乗氏は、『看聞日記』応永三十二年（一四二五）一月八日条に、節分のときには常御所・学問所・御湯殿上は女房（小上臈）が豆を打ち、御所中は御所侍が打つという慣例があったとみえることから、宮中の学問所は私室の類であったとしている。[43]学問所は平安時代の『大内裏図』や『雲図抄』にはみえない。業忠は御湯殿上辺を通って学問所に候しているので、御湯殿上の近くにあったと思われる。

『孝経』の後、業忠は後花園天皇に『論語』『孟子』を教授した。[44]嘉吉元年（一四四一）には『春秋左氏伝』を天皇

に教えており、[45] 同三年六月十二日にこれを終了した。業忠はこれをもって天皇に四書・五経と『孝経』を一通り教授し終えたのである。このとき天皇は二五歳で、一一歳からはじめて一四年かかっている。天皇は『春秋左氏伝』の受講修了を記した次のような奥書を業忠に書き与えた。[46]

　　嘉吉三年六月十二日

　　春秋左氏伝一部受説畢、

　　　侍読大外記清原真人業忠

また、永享九年（一四三七）には菅原（五条）為清が従三位に上階して後花園天皇の侍読になっている（『菅儒侍読年譜』『公卿補任』）。『看聞日記』同年九月五日条[47]には「為清朝臣行幸就詩事上階云々」とあるので、為清は天皇の詩文の侍読になったと考えられる。

また、嘉吉三年三月二日には、正四位下の菅原（東坊城）益長が天皇の侍読になった。[48] 益長が教授したのは『史記』の「五帝本紀」である。『尊卑分脈』によれば、五条家から分かれた東坊城家では、南北朝時代の長綱（益長の曽祖父）から代々天皇の侍読を務めている。益長は翌年、侍読を務めていることから従三位左大弁に昇進した。[49]

清原業忠は、しばらくの間天皇から侍読として呼ばれなかったが、文安四年（一四四七）三月九日から再び天皇に四書・五経等を講義することになった。『建内記』同月六日条には、「禁裏御読書事、自二来九日一四書次第又可二講申一由、被二仰下一云々、孝経・四書・詩書・礼記・左伝彼已奉レ授、又《同》講申了、其後近年不レ被レ召之処、再興尤珍重」とあり、二十九日には『論語』を教授している。

以前に読んだ書物を再び読むことは、花園天皇が勧めていた学問の方法である。『花園天皇宸記』元亨二年（一三二二）九月六日条には、

（前略）凡内外和漢書反覆読レ之、必知二其義一、於レ義雖レ無レ疑、及二再三乃至数回一、必有二道義之染心一、不レ知手舞足踏之心自然而来者也、読書人必以二此心一可二稽古一也、一両反読誦或不レ留レ心者、更無二稽古之益一者也、

とあり、和書・漢籍を反復して何回も読めば、必ずその意味がわかり、深く理解することができるとしている。後花園天皇は四書・五経等をより深く理解するために、清原業忠に同じ書物の再講義を命じたと推察される。

業忠は宝徳元年（一四四九）十一月十九日に少納言を拝任し、昇殿を許された。同月二十八日には、夜半に参内して天皇に奏慶し、天皇の御前で『毛詩』第一八巻を講義した後退出し、天皇は議定所に移って読んでいる[50]。

康正元年（一四五五）十二月十四日、菅原（高辻）継長が後花園天皇の侍読をはじめて務めた。天皇は昼御座に座して読書が行なわれており、継長は参議従三位の公卿であるので、御前に祗候して教授することができた。読んだ書物は『史記』の「孝景本紀」であった。高辻家では鎌倉時代の後深草・亀山天皇の侍読長成、南北朝時代の後円融天皇の侍読長衡の後、侍読が絶えていたが、長衡の曾孫継長の時に侍読が再興されて、継長は非常に感謝していた。継長の侍読就任は、将軍足利義政の母日野重子からの推薦に依るものであったらしい[51]。

このように後花園天皇の侍読は、明経道では局務の官人清原宗業・業忠が務め、紀伝道では菅原氏の五条為清・東坊城益長・高辻継長が務めた。なかでも清原業忠は、天皇が読書始を行なった一一歳の時から教授し、『孝経』・四書・五経を一通り教授し終えた後も、天皇に四書・五経等の書物を再び教授しており、長年にわたって天皇の侍読を務めた。後花園天皇の学問は、業忠の侍読による四書・五経等の明経道が中心であったといえよう。

業忠は享徳四年（一四五五）に従三位に叙し、清原氏でははじめて生存中に三位を拝任した[52]。さらに、清原業忠は長禄二年（一四五八）五月十五日に真人を改め朝臣の姓を賜った。以後、清原氏は官人から公卿へと身分が上昇したが、この大きな転機は業忠の功績によってもたらされたものであった。

業忠は、将軍足利家の義勝・義視の読書始侍読を務め、将軍足利義教に進講しており[53]、細川・畠山・斯波氏等の大名にも講義をしている[54]。また、業忠は瑞渓周鳳・天隠竜沢などの五山禅僧と交流があり、天隠は業忠の『論語』講釈を聴いている[55]。業忠の学問における功績は、公家社会だけでなく武家社会・五山禅僧にも及んでおり、それが清原氏の家格上昇をさらに推進させたと考えられる。

おわりに

天皇がよい政治を行なうためには学問をすることが必要と考えられ、朝廷の官人・貴族の学者のなかから天皇・皇太子の侍読が任命された。侍読には紀伝道（史書・詩文）と明経道（儒学）の学者がおり、花園天皇の時には明法道（法律）の侍読もいた。この侍読の氏・家には盛衰があり、鎌倉時代には紀伝道の菅原氏や藤原氏南家・北家等が多くを占めていたが、室町時代には明経道の清原氏が優勢になり、紀伝道の藤原氏は消え去った。侍読の学問分野の主流は、中世の前期から後期にかけて紀伝道から明経道へと傾向が大きく変化したことが指摘できる。後花園天皇の時には明経道の侍読清原業忠が活躍し、業忠の時に清原氏は局務家官人から公卿へと身分・家格が上昇した。戦国時代に活躍した清原宣賢は、業忠から数えて三代目にあたる。

伏見宮貞成親王は子の後花園天皇に、朝廷の雑訴で正しい判断を下せるためには博識と才能が必要であると訓戒しており、天皇の裁決を必要とする朝廷の政治はこの時にはまだ機能していた。後花園天皇は、業忠が一通り教授した四書・五経等を再び業忠に講義させ、学問を深めようと努力している。儒学の『論語』等では君主の徳による政治を説いている。この徳治思想は日本の中世の政治思想でもあった(56)。天皇の生涯にわたる学問は、天皇の徳と政治的判断力をより高める役割を担っていたと考えられる。

注

(1) 池田温「『貞観政要』の日本流伝とその影響」(同『東アジアの文化交流史』吉川弘文館、二〇〇二年)、高木昭作『将軍権力と天皇』(青木書店、二〇〇三年)一五四頁。
(2) 『群書類従』第二六輯、雑部(訂正三版、続群書類従完成会)。
(3) 芳賀幸四郎「公家社会の教養と世界観―室町中期における古典主義運動の展開―」(『芳賀幸四郎歴史論集Ⅰ』東山文化の研究(上)』思文閣出版、一九八一年)。
(4) 尾形裕康「就学始の史的研究」(『日本学士院紀要』八―一、一九五〇年)。
(5) 足利衍述『鎌倉室町時代之儒教』(日本古典全集刊行会、一九三二年、復刻版、有明書房、一九七〇年)。
(6) 和島芳男『中世の儒学』(吉川弘文館、一九六五年)、同『日本宋学史の研究　増補版』(吉川弘文館、一九八八年)。
(7) 籠谷真智子「室町時代教育史の展望と課題―公家の場合―」(『史窓』一四、一九五九年)、同『中世の教訓』(角川書店、一九七九年)、同「中世の教訓とその展開」(『講座　日本教育史』編集委員会編『講座　日本教育史(第一巻)原始・古代／中世』第一法規出版、一九八四年)等。なお、庶民の教育については、結城陸郎「中世日本の寺院学校と民衆教育の発達」(多賀秋五郎編著『中世アジア教育史研究』国書刊行会、一九八〇年)、久木幸男「中世民衆教育施設としての村堂について」(『日本教育史研究』六、一九八七年)、大戸安弘『日本中世教育史の研究―遊歴傾向の展開―』(梓出版社、一九九八年)等がある。
(8) 岩橋小弥太『花園天皇』(〈人物叢書〉吉川弘文館、一九六二年、新装版、一九九〇年)。
(9) 足利前掲注(5)著、和島前掲注(6)著、緒方惟精「明経家学の成立と鎌倉期に於ける清中二家」(『千葉大学文理学部紀

要（文化科学）』二―一、一九五六年）、山田英雄「清原宣賢について」（『国語と国文学』三四―一〇、一九五七年）、金子拓「室町殿の帝王学―中世読書史序説―」（東北史学会『歴史』九七、二〇〇一年）等。
(10) 拙著『日本人の生活文化〈くらし・儀式・行事〉』（吉川弘文館、二〇〇八年）第一部第三章4「普及した教育」。
(11) 天皇に音楽を教授する者は、多くの場合「御師」と呼ばれていたことが、豊永聡美『中世の天皇と音楽』（吉川弘文館、二〇〇六年）一五五頁で指摘されている。
(12)『群書類従』第五輯、官職部（訂正三版、続群書類従完成会）。
(13)『新訂増補国史大系　尊卑分脈』一・二・四（吉川弘文館、一九八三年）。
(14)『改訂増補故実叢書　江家次第』（明治図書出版、一九九三年）。
(15)『群書類従』第六輯、公事部（訂正三版、続群書類従完成会）。
(16) 尾形前掲注（4）論文。
(17) 尾形前掲注（4）論文の読書始一覧表を宮内庁書陵部編修課・図書課宮内公文書館編『（特別展示会目録）皇室と御修学』（宮内庁書陵部、二〇一一年）の「歴代天皇の読書始一覧」で補足して作成した。
(18) 拙稿「将軍足利義満と公家衆」（『日本史研究』五七三、二〇一〇年）。
(19)『続群書類従』第四輯上、補任部（訂正三版、続群書類従完成会）。
(20)『花園天皇宸記』（史料纂集）続群書類従完成会、一九八二～八六年。
(21) 岩橋前掲注（8）著の五「御学問」でも花園天皇の侍読について取り上げているが、網羅的にすべてを挙げているわけではない。
(22)『新訂増補国史大系　尊卑分脈』一、三九六頁。
(23)『花園天皇宸記』。
(24) 同右。
(25)『続群書類従』第四輯上、補任部。

(26)『系図纂要　第十三冊』（名著出版、一九七四年）四九六頁。
(27)竹内理三編『鎌倉遺文』第三五巻（東京堂出版、一九八八年）二七一三八号。
(28)和島前掲注（6）『日本宋学史の研究　増補版』七一・七二頁、永井晋「中原師員と清原教隆」（同『金沢北条氏の研究』八木書店、二〇〇六年）、『外記補任』（井上幸治編、続群書類従完成会、二〇〇四年）「解説」。
(29)『新訂増補国史大系　尊卑分脈』四、七一頁。
(30)今江広道「法家中原氏系図考証」（『書陵部紀要』二七、一九七六年）。
(31)『系図纂要　第十四冊』四五六頁。中原師夏の官位・官職は刑部少輔・正五位下・助教・直講・兵庫・主計頭。
(32)『花園天皇宸記』元亨二年十二月二十四日条。
(33)同右、元亨三年五月二十三日、十一月十二・十九・二十三日、十二月二十六日、正中元年十二月十一・十三日条等。
(34)同右、元弘二年四月十六日条。
(35)後花園天皇とその父伏見宮貞成親王については、横井清『看聞御記〈「王者」と「衆庶」のはざまにて〉』（そしえて、一九七九年）、松岡心平編『看聞日記と中世文化』（森話社、二〇〇九年）等がある。
(36)『群書類従』第三輯、帝王部（訂正三版、続群書類従完成会）。
(37)『新訂増補国史大系　尊卑分脈』二、一二七頁。
(38)『大日本古記録　薩戒記』四（東京大学史料編纂所編、岩波書店、二〇〇九年）。
(39)『満済准后日記』正長二年二月十七日条、『建内記』文安四年三月六日条等。
(40)『康富記』文安元年十月二十三日条、『新訂増補国史大系　尊卑分脈』四、一六一頁。
(41)『大日本古記録　建内記』二（東京大学史料編纂所編、岩波書店、一九八七年）。
(42)『康富記』正長二年八月二十八日条。
(43)高橋俊乗『近世学校教育の源流』（一九四三年、臨川書店、一九七一年）第二章第三節「皇室の御学問所」。
(44)『看聞日記』永享六年三月十七日条。

(45)『建内記』嘉吉元年五月十二日、八月二十七日、同三年一月二十六日、五月二十二日条。
(46)『増補史料大成　康富記』一（臨川書店、一九七五年）。
(47)『続群書類従　補遺二　看聞御記（下）』（訂正三版、続群書類従完成会）。
(48)『建内記』嘉吉三年三月二・十日条等、『菅儒侍読年譜』。
(49)『弁官補任』二（続群書類従完成会、一九九二年）一〇九頁。
(50)『康富記』宝徳元年十一月二十八日条。
(51)『康富記』康正元年十二月十四・二十三日条。
(52)『新訂増補国史大系　公卿補任』三（吉川弘文館、一九八二年）一九二頁。
(53)金子前掲注（9）論文。
(54)和島前掲注（6）『日本宋学史の研究　増補版』一九四頁。
(55)足利前掲注（5）著三五一頁、和島前掲注（6）『日本宋学史の研究　増補版』一九四～一九六頁。
(56)徳治思想については、宇野精一『儒教思想』（講談社学術文庫、一九八四年）第五章一「徳治主義」、佐藤弘夫編『概説　日本思想史』（ミネルヴァ書房、二〇〇五年）八九・九〇頁「徳治主義の導入」参照。

第二章　足利学校の学問と教育

はじめに

関東の金沢文庫と足利学校は、中世の学問的な施設として知られている。金沢文庫は金沢北条氏建立の称名寺の文庫という性格が強い(1)が、足利学校は学問のための学府であった。一五四九年（天文十八）に来日したイエズス会宣教師フランシスコ・ザビエルは、足利学校は日本で最も大きな大学で多くの学生が通っている、と同年十一月五日付書簡に書いている(2)。また、ジョアン・ロドリゲス著『日本教会史』（一六三四年成立か）にも、日本の学問が最も盛んであった坂東にある足利の大学、とみえる(3)。足利学校は、戦国時代末期頃においては日本で最も大きな〝大学〟であった。

この足利学校の学問・教育については足利衍述氏(4)・川瀬一馬氏(5)・結城陸郎氏(6)・和島芳男氏(7)等の詳細な研究があり、また、足利学校の校長である庠主や学徒についても明らかにされている(8)。また、足利学校では易学がとくに盛んで、庠主や学徒の易筮と戦国武将の合戦との関係に関する著述もある(9)。

本章では、足利学校の設立と発展に関わる諸問題から取り上げ、足利学校で教授された学問とその傾向について、諸先学に導かれながら改めて考察する。また、易筮についてはその占筮の解釈を新たに試みつつ、足利学校における易筮の意義についても考えてみたい。

一　足利学校の設立をめぐって

足利学校の設立については諸説がある。まず、室町時代の軍記物『鎌倉大草紙』には、足利学校の創設に関する記述がある。軍記物の果たした役割については、大隅和雄氏が、中世の軍記物が当時の武士に必要な知識を載せた往来物の役割を果たしていたことを指摘している(10)。『鎌倉大草紙』には金沢文庫と足利学校に関する記述があり、これらは関東の武士に必要な基礎知識として書かれた可能性がある。

足利学校の創設について、『鎌倉大草紙』には次のようにある(11)。

（前略）上杉安房守（憲実）も此人々にはをよばざれども、（中略）絶えたるをつぎ、すたれたるをおこし、政道たゞしくして、人のなげきもなかりけり。武州金沢の学校は、北条九代の繁昌のむかし、学問ありし旧跡也。又上州は上杉が分国なりければ、足利は京并鎌倉御名字の地にてたにことなりと、かの足利の学校を建立して種々の文書を異国より求め納ける。此足利の学校は、上代承和六年に小野篁上野の国司たりしとき建立の所、同九年篁陸奥守になりて下向の時此所に学所をたてけるよし、その旧跡今にのこりけるを、応仁元年長尾景人が沙汰として政所より今の所に移建立しける。近代の開山は快元と申禅僧也。今度安房守、公方御名字がけの地なればとて、学領を寄進して弥書籍を納め、学徒をれんみんす。されば此比諸国大にみだれ学道も絶たりしかば、此所日本一所の学校となる。是より猶以上杉安房守憲実を諸国の人もほめざるはなし。西国・北国よりも学徒悉集る。

これによれば、小野篁《たかむら》が承和六年（八三九）に上野国司の時に建立した所に、同九年に陸奥守になって赴任する時に学所を建てたという。小野篁は学者として有名な人物である。しかし、篁は遣唐使の副使に任命されたが、承和五年に大使と争い病と称して国命に従わなかったために隠岐に流罪となり、同七年に許されて帰京している（『続日本後紀』）。篁は承和六年には流罪中であり、また、上野国司であったという史料もないので、篁が承和六年に建立したとする話は信じられない。しかし、彼が同九年に陸奥守になったことは『日本文徳天皇実録』や『公卿補任』[12]にもみえるので、事実である。とはいえ、篁が足利学校のもととなる学所を建てたとする話は、時代が古すぎて結びつけるにはかなり無理があると思われる。学者として有名な小野篁と関係させることによって、学所としての権威付けをしようとしたのではないだろうか。

この他の説としては、鎌倉時代初期に足利義兼が創建したとする説がある。[13]義兼は下野国足利荘の領主で、源頼朝の挙兵に参加した武士の一人であり、足利尊氏は義兼から数えて七代目の子孫にあたる。義兼は、出家後に鑁阿と号して屋敷地内の持仏堂に隠退し、この持仏堂は後に鑁阿寺になった。義兼が屋敷地内に創建した文庫・学問所が学校に発展したとする考え方が義兼創建説である。

しかし、もしそうであれば足利学校は称名寺の金沢文庫と同様に仏教色の強い性格をもつ[14]はずであるが、後述するように足利学校は主に儒学を教授した学府であり、寺の文庫という性格のものではない。また、前掲の『鎌倉大草紙』には、長尾景人が足利学校を足利荘の政所から今の地（鑁阿寺の隣。現、栃木県足利市昌平町）に移転したとあり、この記述と矛盾することにもなる。考古学の調査によれば、足利学校が元来あったという足利荘政所の地は、国府野遺跡（足利市伊勢町・伊勢南町）と推定されている。[15]

また、古代の下野国府の学所が国府野の地にあり、下野国学の学問所が小野篁・足利義兼・鎌倉公方足利氏の支援によって平安～南北朝期に存続したとする考え方もある。[16]

前掲の『鎌倉大草紙』の記述では、上杉憲実が足利学校を再興したとしている。憲実は応永二十六年（一四一九）の九歳の時に関東管領に就任して伊豆・上野両国の守護になっているので[17]、憲実による再興はそれ以後ということになる。

二　上杉憲実と足利学校

足利学校が応永三十年（一四二三）八月上旬に定めた専属の病院の規則が、学校省行堂日用憲章写（「長徳寺文書」）として残されている。省行堂は、この場合は療養所を意味している。この学校病院の規則は、入院する者に関する五ヵ条の規則で、次に原文を掲げる[18]。

学校省行堂日用憲章

一、荘内学徒不一、唯学校掛錫之輩一去一来、雖然、題名字而告命於学校同盟之衆長、而後来過、
一、方来同会、或譾堂主、或争単位、急可放出、前者後者和同為本、
一、伏枕平愈之者、頓迎来者可去、莫為稽留軟脚之会、
一、告帰之徒、以孔方四十字可易償坐席位、雖舎宿不可許、亦破失常住什物者、兼償焉、
一、若有亡僧、集学校之徒衆、結縁諷経、

御判

右件々条、今若有侵凌者、堂主於学校之衆中評論其罪罰、而不可許庠序出入者也、　伏乞、　衆知、

応卯《（マヽ）》三十年仲穐上澣　　志之、

以下はこの本文の訳である。

1　荘内の学徒にはいろいろな者がいるが、学校の在籍者のみが入院できる。そうであっても、名前を書き記し、学校同盟の衆長に告げて知らせてから入院せよ。

2　ここで知り合いになったのに、堂主をだましたり、座位を争う者は、すぐに追い出す。それらを共に行なった者も同じである。

3　病気が治った者は、迎えの者が来たらすぐに去れ。とどまって歓迎の会（軟脚の会）をしてはいけない。

4　退院をする者は、銭（孔方）四〇文を入院料として支払わなければならない。宿舎生であっても免除はしない。また、病院の器物を破損・紛失した者は、退院前に弁償すること。

5　亡くなった僧がいる場合は、学校の徒衆を集めて供養せよ。

右の条文に違反した者がいる場合は、堂主が学徒衆中でその罪・罰について評議にかけ、学校への出入りを禁止する。よろしく皆に知らせることを願う。

1の「荘内」は、学校が所在する足利荘を指している。この省行堂には足利学校の在籍者しか入院できず、足利荘内にいても足利学校の学徒でなければ入院できなかったことになる。また、2・3によれば、入院患者のなかには、堂主をだましたり、座席の地位にこだわって喧嘩をしたり、退院の迎えに来た人の歓迎会を開いたりするなど、いろいろと問題を起こす学徒がいたらしい。3の迎えに来る人がいることや、4の宿舎生のことなどから、学徒には自宅や知人の寺・家などから通う者と、宿舎に寄宿している者がいたことがわかる。

五ヵ条の後に書かれた「御判」は、この学校省行堂日用憲章が写であるために「御判」とあり、原本には花押が書かれていたはずである。その花押はおそらく、以下に述べるように鎌倉公方足利持氏のものと考えられ、ここに重要な政治的な問題が存在する。

足利荘は、南北朝時代には鎌倉府の管理下に置かれ、代々の鎌倉公方の足利基氏・氏満・満兼が管理していた。しかし、父満兼のあとを継いだ持氏の時に、京都の将軍足利家の所領として室町幕府が代官を派遣して管理した。[19]やがて持氏は、関東にいる幕府扶持衆の武士たちの反乱に対して討伐をはじめ、応永三十年五月末〜六月には常陸国の小栗満重を討った。その頃の足利荘の代官は神保慶久（管領畠山満家の家臣）で、彼はこのことをすぐに将軍足利義持に知らせ、義持は持氏討伐の準備をしたが、翌年二月に両者の間に和睦が成立した。神保慶久は、京都へ注進した後、応永三十年中に足利荘を離れて京都に上り、翌三十一年に義持に代官辞職を願い出たが却下された。[20]

学校省行堂日用憲章が作られた応永三十年八月上旬は、「烟田文書」応永三十年八月日烟田幹胤軍忠状案[21]によれば、持氏が小栗方を討つために下総国結城城に陣を置いていた時である。また、足利荘代官神保慶久が足利荘を出て京都に逃れる前後の頃でもあった。つまり、先掲の「御判」は、足利荘に近い結城にいた持氏の花押と考えられる。これらのことは、持氏が幕府代官神保慶久を足利荘から追い出して同荘を自分の支配下に置いたことを示しているのではないだろうか。

その後足利荘は、永享三年（一四三一）には「当御代関東の不儀もってのほかに候や、すでに御料所足利荘をはじめとして京都御知行所々、一所も残さずことごとく押領」[22]（原漢文）の状態になっており、関東にある将軍家の所領はみな持氏に奪い取られていた。持氏は同四年四月に将軍家の所領を返すことを将軍義教に伝えてきたが、[23]その後実行された形跡はない。やがて、持氏と将軍家の対立は明白なものとなり、永享の乱へと発展する。

上杉憲実は関東管領として鎌倉公方の持氏を支える立場にあったが、憲実の関東管領職と守護職（伊豆国・上野国）は将軍から補任される役職であり、憲実としては持氏よりも将軍足利義教の命令を優先させなければならなかった。永享八年に信濃国の守護小笠原政康と国人村上頼清が対立した時、幕府方の政康を討とうとした持氏と幕府方の憲実が対立した。同十年、幕府は駿河国守護今川範忠に持氏討伐の幕府軍として憲実の軍と合流することを命じ(24)、永享の乱がはじまった。永享の乱の詳しい経過については旧稿(25)で考察したのでここでは省略する。

憲実の家宰長尾芳伝が鎌倉に攻め入って持氏方は敗北し、持氏は鎌倉の永安寺に入り、称名寺で出家した(26)。同十年十二月に幕府は憲実に持氏を切腹させることを要請してきたが、憲実は持氏の助命とその子義久の鎌倉公方相続を幕府に嘆願した(27)。

憲実は、幕府から持氏の切腹を命じられて非常に悩んでいた頃の同十一年閏正月はじめに、足利学校に宋刊の五経疏本を寄進している。この時に憲実は五経疏本の収蔵・閲覧に関する規則「野州足利学校置五経疏本条目(28)」五ヵ条も定め置いた。

野州足利学校置五経疏本条目

一、収蓄時、固其扃鐍緘縢、勿浪借与人、若有志披閲者、就于舎内看一冊、畢可輙送還、不許将帰出閫外、
一、主事者、臨進退時、預先将交割、与新旧人相対、僉定毎部巻数、而後可交代、
一、借読者、勿以丹墨加妄句投雑揉、勿令紙背生毛、勿触寒具手、
一、至夏月梅潤、則令糊櫃不蒸、至風涼則令曝、不瓦至漏時、則令不湿腐、至冬月、則厳火禁、早設其備、
一、或質于庫、或鬻于市肆、或為穿窬所獲、罪莫大焉、

永享十一年己未閏正月初吉

前房州刺吏藤原憲実

この五ヵ条では、①本の出し入れの時は鍵をかけ、みだりに貸してはならず、閲覧は館内で一冊とし、終わったら返却し、館外にもち出してはいけない、②主事は交代の時には新旧の両人が立ち会い全部の巻数の点検を行なった後に交代する、③閲覧者は本に書き込んだり汚したりしてはいけない、④夏の梅雨時は蒸らさず、風には曝書し、屋根から水漏れした時は湿らさず、冬は火気厳禁、⑤質入れ・売却・窃盗は大罪である、と定めている。

この時に憲実が足利学校に寄進した五経疏本は、『尚書正義』八冊、『(附釈音)毛詩註疏』三〇冊、『礼記正義』三五冊、『(附釈音)春秋左伝註疏』二五冊で、これらは足利学校に伝えられて現存している。(29) また、憲実は同月に『孔子見欹器図』も足利学校に寄進している(『羅山林先生詩集』巻六)。なお、五経のうち『易経』(周易)がこれら五経疏本に含まれていないが、それを補うかのように憲実の子憲忠が『周易注疏』一三冊を足利学校に寄進して伝わっている。(30)

持氏は、永享十一年二月に永安寺で切腹した。憲実は持氏を死に追いやってしまったことを悔やみ、同年末頃に伊豆国の国清寺で出家して長棟と号した。(31) 文安四年(一四四七)、幕府は憲実に関東管領への復帰を要求したが、憲実はついに応じなかった。(32)

三　学問の内容と傾向

上杉憲実は文安四年(一四四七)に徒歩独行の旅に出たが、(33) その前年の文安三年六月晦日に足利学校に関する三ヵ条を定め置いた。

この三ヵ条は、現在は「学規三ヵ条」と呼ばれ、足利学校の規則とみなされていることが多い。しかし、内容を注意して読んでみると、足利学校内ではなく足利荘に対して出されたものであることがわかり、これについてはすでに和島芳男氏が「この文書は足利荘内の学事に関する一般的論達を内容とするものとみるべきであろう」と指摘している。(34) つまり学校の規則ではなく、足利荘内に対して出された通達事項であるといえる。

この三ヵ条の原文は次の通りである。(35)

一、三註・四書・六経・列・荘・老・史記・文選外、於学校不可講之段、為旧規之上者、今更不及禁之、自今以後於腋談義等モ停止之訖、但於叢林有名大尊宿在庄者、除之訖、禅録・詩註・文集以下之学幸有都鄙之叢林、又教乗者有教院、於庄内自儒学外偏禁之者也、猶々先段所載書籍之外、縦雖為三四輩、相招於開講席在所者自学校堅可有禁制、猶以不能承引者、可被訴公方、

一、在庄不律之僧侶事、至于令許容族者、於土民者永可令追、於諸士者以許容在所可被闕所者也、但至改禅衣者、不及制之、

一、平生疎行而無処置身僧侶、号為学文、雖庄内江令下向、自元依無其志、動不勤学業徒、遊山翫水輩毎々有之歟、以彼素湌僧侶至令許容者、罪過与前段同、

文安三年丙寅六月晦日　　釈長棟

この三ヵ条を訳すと、以下のようになる。

第一条　三註・四書・六経・列子・荘子・老子・史記・文選以外について、学校で講義をしてはいけないことは旧規で定めているので、今さら禁ずることではない。今後は脇の講義等も禁止する。ただし、叢林（大寺院。とくに禅宗の五山・十刹）の有名な高僧が在荘している場合は例外とする。禅録・詩註・文集等の学問については、幸いに都・地方の叢林にあり、また教乗（仏教の経文の教え）は教院（経論を研究する寺）にある。荘内では儒

学以外を禁止する。なお、先に載せた書物以外について、たとえ二、四輩でも、開講の席に招いた在所に対しては、学校から断固として禁止を要求すべきである。それでもなお要求に応じない場合は公方に訴えよ。
第二条　在荘して規律を守らない僧侶について、これを許容した者が、土民の場合は永久に追放し、武士の場合は許容した在所の所領を没収されるべきである。ただし、その僧侶が禅僧をやめた場合は処罰しない。
第三条　普段から行を怠ってどうしようもない僧侶が、学問のためといって荘内に来たとしても、もとからその志がないので、学業を勤めず、ただ山や川で遊んでばかりいる者がいつもながらいるであろう。そのような無駄飯食いの僧侶を許容した場合、罪科は前段と同じである。

文中の「庄内」は足利荘内を意味している。第一条では、足利荘内では儒学以外の開講を禁止するとしており、学校内における禁止はすでに旧規で定めているので、ここでは学校以外の場での開講を禁止する内容になっている。第二条では、足利荘内の庶民・武士に対し、規律を守らない僧侶を容認することを禁止している。その僧侶が禅僧をやめて俗人になった場合は処罰しないとしているので、俗人ならば許される行為、例えば結婚した僧侶などが具体的に考えられよう。同じ僧でも浄土真宗（一向宗）では結婚を認めているので、禅宗の僧という意味で「禅衣」としたのではないだろうか。第三条では、遊んでばかりいて学業を怠っている僧侶を足利荘内で容認することを禁止している。いつの時代でも勉強をしないで遊んでばかりいる学生はいるもので、足利荘内でもそのような学生の僧侶が問題化していたらしい。

これらの内容から、憲実が定め置いた三ヵ条は、足利学校に関して足利荘内の人々に対して出された禁止事項であることがわかる。第二・三条では荘内の庶民・武士に対して罰則までも規定しており、このことからも対象者が足利荘民であることは明らかであろう。

第一条には足利学校で講義をした学問について書かれており、同学校の学問の特徴が示されている。これによれば足利学校は儒学を専門とする学校であった。第一条にみえる書物には歴史書の『史記』や詩文集の『文選』も含まれているので、必ずしも儒学書だけではなかったことになるが、条文の意図するところは、儒学ではない仏教に関する学問は教えないということである。第一条にはさらに、禅録・詩註・文集等の学問については都・地方の五山・十刹等にあり、経文は専門の寺院で教えているとあり、これら仏教関係の学問はそれらの寺院で勉強すればよいのであって、足利学校で教えることではないということをいっている。足利学校が、京都・鎌倉の五山・十刹等の大寺院や教院とは異なり、儒学専門を特色としていたことがわかる。

足利学校が教えるとした三註・四書・六経・列子・荘子・老子・『史記』『文選』は、みな中国の古典書である。三註は、古辞書の『下学集』（元和三年（一六一七）刊本）に「三註蒙求・胡曾詩・千字文」とあり、[36]『蒙求』、胡曾詩、『千字文』の三書の注釈書のことである。三注は具体的には、後晋（五代）の李瀚の『蒙求注』、宋の胡元質の『胡曾詩註』、後梁（五代）の李暹の『千字文注』を指しているという。[37]『蒙求』は、唐の李翰の撰で、古人の名とその人物の特質を二字ずつの四字句にし、朗読・暗記しやすいようにしたものである。胡曾詩は、唐の胡曾の詠史詩（史実を詠じた詩）である。『千字文』は梁の周興嗣の撰で、全部違う漢字千字を使い、さまざまな書物から故事成句を引用して四言古詩にしたもので、二五〇句から成り、漢字や習字の学習に用いられた。

四書は『大学』『中庸』『論語』『孟子』のことで、宋の朱子がこの四書の注釈書の四書集注を著して、四書と名づけられた。六経は、古くは五経の『易経』『書経』『詩経』『礼記』『春秋左氏伝』に『楽経』を加えたものを意味したが、『楽経』は秦の時代に焚書により失われて伝わっていない。ここにみえる六経は、桂菴玄樹著『桂菴和尚家法倭点』[38]に「六経者五経加孝経也」とあるので、五経に『孝経』を加えたものということになる。五経は、前漢の時代に五経博士の制度が設けられて国家の学問になり、唐では国家事業として『五経正義』を編纂している。
『列子』『荘子』『老子』の三書は、紀元前の中国においては無為自然を説く道家の主要な書物であった。『史記』は前漢の司馬遷著の歴史書で、『文選』は梁の昭明太子蕭統の編纂した詩文集である。『文選』は唐・宋の時代には科挙試験の受験者必読の書であり、古代の日本でも学生の必読書であった。『古今著聞集』には、勧学院の惟宗隆頼という学生が『文選』三〇巻を全部暗記した話がみえる。

これらの書物は、初・中・上級の三段階に分けると、三註は初級のレベルで、四書は中級、六経等は中・上級のレベルに相当すると思われる。足利学校では儒学教育の方法として、先ず初級の段階の書物からはじめ、次第に中級、上級の書物に進んでいったと思われる。

ところで、中国の儒学書の注釈には古注と新注があり(39)、漢・唐の時代の注釈を古注といい、宋の程兄弟や朱子などの儒家による注釈を新注という。明の時代では新注が用いられ、日本の五山でも新注が主流になっていた。この古注・新注に関し、東福寺にいて講学を行なった岐陽方秀が、足利学校の学問について建仁寺龍雲院にある『論語集註』の巻末に批判的に書いており、これを桂菴玄樹が著書『桂菴和尚家法倭点』のなかで引用している(40)。岐陽は応永三十一年（一四二四）二月三日に没しているので、この足利学校に関する内容は同年二月以前のことをいっていることになる。該当部分を次に掲げる(41)。

建仁龍雲有㆓論語集註㆒、其巻末有㆑書㆓岐陽和尚講筵之説㆒之本云、大唐一府一州其外及㆓郡・県㆒皆有㆓学校㆒、日本纔足利一処学校、学徒負笈之地也、然在㆑彼而称㆓儒学教授之師㆒者、至㆑今不㆑知㆑有㆓好書㆒、徒就㆘大唐所㆓破棄㆒之註釈㆖、教㆓誨諸人㆒、惜哉、後来若有㆑志㆓本書之学㆒者、速求㆓新註書㆒而可㆑読㆑之云々、

つまり、岐陽は、中国では府・州・郡・県ごとに学校があるが日本ではただ足利学校一カ所だけである、しかし、

足利学校の儒学の教師は、残念ながら中国ではすでに棄てられた古注を教えているので、本当に儒学を学びたい人は速やかに新注の書物を入手して読んだ方がよい、としている。岐陽は五山でも朱子の新注の普及に努めた中心的人物であったので、[42]彼の批判も無理からぬことであった。

足利学校に所蔵されている室町時代の儒学書は確かに古注が多い。例えば、上杉憲実が永享十一年（一四三九）閏正月はじめに足利学校に寄進した宋刊の五経注疏本は、漢や唐の時代に注釈された古注であり、[43]憲実の子憲忠が寄進した宋刊の『周易注疏』も古注である。[44]しかし、足利衍述氏は、足利学校の蔵書にみえる庠主の書き入れから、上杉憲実による再興以後は古注と新注を折衷していたとし、[45]また一方、川瀬一馬氏は、室町時代を通じて新注を参考にする分量は次第に増加していったが、基本とする所はやはり古注であったとしている。[46]いずれにせよ、中世の足利学校における儒学は、新注派の五山の寺院よりも古注を多く用いていたといえよう。

なお中国では清の時代に、新注に対する批判が生じて古注が見直され、古注が考証学の拠り所になっている。[47]中国における古注・新注に対する評価は、王朝や時代の思潮によって変化しており、新しい説の方がよいというものでもなかった。

四　庠主と易学

庠主は足利学校の校長のことで、室町・戦国時代には「能化」（指導者という意味）と称していたが、[48]江戸時代に「庠主」と呼ぶようになった。「庠」は、『孟子』巻五には周の時代に学校を庠と称したとあり、紀元前の中国では学校を意味した。おそらく足利学校は、江戸時代に周の時代の呼び方を取り入れて学校長のことを庠主と呼ぶようになったのではないだろうか。

中世・近世の足利学校の庠主は、室町時代の快元から江戸時代末期の謙堂まで、全部で二三人いる。室町〜織豊期の第一世〜九世の庠主について、足利学校遺蹟図書館所蔵『住持世譜略』[49]、足利衍述氏・川瀬一馬氏著[50]等により明らかにされていることを以下に記す。

第一世　快元　文明元年（一四六九）四月二十一日没。
第二世　天矣　肥後国出身。延徳三年（一四九一）か同四年の二月十六日没。
第三世　南計　南斗とも。筑前国出身か。十月五日没か。
第四世　九天　永正四年（一五〇七）か同五年の六月二日没。
第五世　東井　諱は之好。安芸国山県郡出身。吉川氏。大永七年（一五二七）か同八年の三月五日没。
第六世　文伯　もと建仁寺の僧。天文十九年（一五五〇）頃の七月十六日没。
第七世　九華　道号・法諱は玉崗瑞璵。大隅国出身。伊集院氏。天正六年（一五七八）八月十日没。享年七九歳。
第八世　宗銀　古月と称す。日向国出身。天正十七年十月二十日没。
第九世　三要　道号・法諱は閑室元佶。肥前国小城郡出身。慶長十七年（一六一二）五月二十日没。享年六五歳。

ここに並べた二字の名は足利学校における学徒名[51]で、第七世九華の玉崗瑞璵や第九世三要の閑室元佶のように、禅僧としての名（道号・法諱）は別の名であった。

第一世の快元については、出身地・親兄弟・生年月日等詳しいことは不明である。『住持世譜略』には「久廃の業を興し、庠序の旧を修し、多く典籍を積み、もって生徒を教え、はじめは儒者の事の如く、爾後は連綿し、もって今に至る。故に和尚をもって中興の祖たるなり」（原漢文）とあり、学校を再興させた中興の祖とし、書籍を集めて儒学者のごとく学生に教えたとしている。

快元に関しては、『木曾名所図会』に、上杉憲実が学校を再建して鎌倉の円覚寺より僧を呼んだとみえる。[52] つまり快元は円覚寺にいた僧で、憲実に招かれて足利学校に来たということになる。快元が円覚寺にいたとする根拠は不明であるが、憲実との関係に着目すると、憲実が出家・隠遁した伊豆国の国清寺（山内上杉家の菩提寺）は臨済宗円覚寺派の寺で、この国清寺が媒介となって憲実と快元を結びつけた可能性が考えられる。

また、快元の書籍の収集に関しては、第九世三要の自筆稿本『春秋経伝抄』[53]の巻首によると、快元は五経の『春秋』を求めて中国に渡ろうとし、筑前国の太宰府天満宮に一七日間参籠したところ、夢告を得て中国に渡らずに帰ったという。これは憲実が足利学校に五経疏本を寄進する以前のことであろう。快元は足利学校の図書を充実させるために儒学書等の書籍の収集に努めたと思われる。

快元が足利学校で易学を講義していたことは、桃源瑞仙の著『百衲襖』に引用されている柏舟宗趙の言説のなかにみえる。柏舟は二五歳の時の永享十二年（一四四〇）に足利学校に入り、快元に易学を学んだ。柏舟に易学を学んだ桃源の『百衲襖』には、「柏舟師ノ云、足利テ易講ヲ聴タハ百四十日ニ畢ルソ」[54]とあり、柏舟は足利学校で快元の易学の講義を一四〇〜一五〇日かけて聴いている。

また、柏舟の『周易抄』には、快元とその師である希禅が語った永享の乱に関係する易占いの興味深い話がみえる。[55]

鎌倉テ易ヲ聞時、我師ヲハ喜（希）禅ト云タソ。其師ヲハ義台ト云タソ。ソノ喜禅ノ語ラレタハ、我易ヲ伝ル時、鎌

陽と陰

八卦(小成卦)

大成卦の六爻

小成卦《しょうせいか》(八卦)を二つ重ねて大成卦《たいせいか》を作る。大成卦は八×八の組み合わせで全部で六十四卦ある。

大成卦の一つ一つの画を爻《こう》という。一つの大成卦には六つの爻がある。

六つの爻は下から数える。一番下を初爻、一番上を上爻といい、ほかの爻は、二爻、三爻、四爻、五爻という。

陽(—)の爻は九《きゅう》、陰(--)の爻は六《りく》とし、下の爻から初・二・三・四・五・上を九または六に付けて呼ぶが、一番下は陽ならば初九、陰ならば初六といい、一番上は陽ならば上九、陰ならば上六という。ほかの爻は、九二または六二、九三または六三というように、九または六を先にする。

〔例〕　謙《けん》(地山謙)

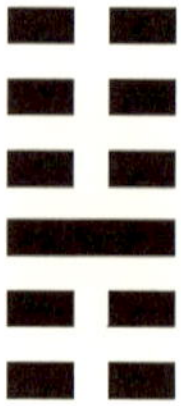

図2-1　八卦と六爻

倉持氏ノ乱ニワウソ。其時揲蓍天下ノ乱ヲ占トキ、需ノ上六ニ逢ソ。有不速客三人来云々、自尓以来不見其可否ソ。後ニ鎌倉ノナリヲ御ランセヨ、ト云ハレタソ。又其後重(成)氏出頭ノ時、於足利易ヲ講スル時、持氏ノ時ノ筮ノコトヲ沙汰スルニ、其占符節ヲ合タルカ如シ。其故ハ重氏出時、兄弟三人不速来テ重氏を扶タソ。弟ハ美濃ノ土岐ニ養セラレタ、雪ノ下殿ト云タ一人也。聖道テアツタソ。又ノ弟ハ僧カ一人アタソ。又重氏ノ一ノ兄カ美濃ニ

下＼上	☰ 乾	☱ 兌	☲ 離	☳ 震	☴ 巽	☵ 坎	☶ 艮	☷ 坤
☰ 乾	乾	夬	大有	大壮	小畜	需	大畜	泰
☱ 兌	履	兌	睽	帰妹	中孚	節	損	臨
☲ 離	同人	革	離	豊	家人	既済	賁	明夷
☳ 震	无妄	随	噬嗑	震	益	屯	頤	復
☴ 巽	姤	大過	鼎	恆	巽	井	蠱	升
☵ 坎	訟	困	未済	解	渙	習坎	蒙	師
☶ 艮	遯	咸	旅	小過	漸	蹇	艮	謙
☷ 坤	否	萃	晋	豫	觀	比	剥	坤

図2-2　六十四卦

アタソ。其ハ俗人ソ。以上三人来テ重氏ヲ扶タソ。重氏ツ、シウテ居ラレタニヨツテ貞吉ナソ。今マテ無為ナルハ奇特ナソ。易ヲ信シテ著ヲトラハ違フ事ハアルマイソ。

これによれば、快元は鎌倉で希禅に易学を学び、希禅の師は義台であった。希禅は足利持氏の永享の乱の時に著（マメ科の多年草の茎）を使って易占いをしたところ、六四卦の一卦「需」（䷄）の上六（上六の爻辞に「有不速客三人来」とある）に出合い、その可否に関してその後の成り行きを見守るように、といったという。その後、持氏の子成氏が成長して鎌倉に入り鎌倉公方になった時、快元が足利で易学を講じた時にこの希禅の易占いを取り上げて考えてみたところ、成氏の兄弟三人が鎌倉に来て成氏を助けたことと、成氏が「貞吉」（「需」の卦辞にみえる言葉）であったことが符合していたとしている。

これら快元の易学関係の史料は、快元の易学が現実の世界を占う易占いを含んでいたことを示唆している。

第二〜六世の庠主については、出身地と氏が明確であるのは東井だけであり、これらの庠主について詳しいことはわかっていない。第二世天矣、第四世九天、第五世東井は足利学校に伝えられた書籍の巻末に識語を書き残している。(56)

五　第七世九華と易筮の伝授

第七世庠主九華は、禅僧としての名は玉崗瑞璵である。『住持世譜略』によれば、九華が庠主の時には学校の学業が最も盛んで、学徒が約三〇〇〇人いたといい、九華は三〇年間庠主を務めた。

足利学校で九華に易学を学んだ者に東福寺の僧熙春龍喜がおり、彭叔守仙著『猶如昨夢』等によれば、熙春は天文二十年（一五五一）頃に足利学校に在籍している。(57) 熙春は九華の七周忌に作った偈に、「閑室禅伯来告レ予曰、今月某日、当二玉岡大禅師七周忌之辰一、（中略）予聞レ之、且駭且嘆、老涙潸然不レ収、東遊之日、就二大禅師一聞レ講二周易一十旬而終レ之、恩義大哉」（『清渓稿』）と記しており、(58) 熙春は足利学校で九華の『周易』（易経）の講義を十旬、すなわち一〇〇日かけて聴いている。

九華は、六一歳の時の永禄三年（一五六〇）に、郷里の大隅国に帰る途中に相模国の小田原城に滞在し、北条氏康・氏政父子に中国の兵法書『三略』の講義をした。その時に北条父子から贈られた宋刊『文選』巻三〇の巻末の識語には次のようにある。[59]

隅州産九華行年六十一之時、欲レ赴二于郷里一、過二相州一、大守氏康・氏政父子聴二三略講一後、話柄之次賜レ之、又請レ再二住于講堂一矣。

九華は『三略』の講義後の談話で、北条父子から『文選』を贈られるとともに、足利学校に再住することを請われた。そして、北条氏家臣間宮宗甫は、北条氏康が九華の帰国を残念に思っており、氏康から引き留めよといわれたことを文書（「足利学校文書」五月六日宗甫事書）[60]に書いて九華に出した。九華は北条父子に説得されて結局郷里へは戻らず、足利学校にとどまって庠主を務めている。

この宋刊『文選』巻三九の巻末識語には、「周易講一百之会、十有六度、伝授之徒以上百人也」とあり[61]、九華は一〇〇日かかる『周易』の講義をこれまで一六回行ない、伝授した学徒は一〇〇人になったという。計算すると、一期の講義につき平均で六、七人の学徒に伝授したことになる。

ところで、足利学校で行なわれた易の占筮の伝授に関する文書が慶應義塾図書館に六通所蔵されている（①〜⑥）[62]。このうち四通は永禄十一年（一五六八）のもので（①〜④）、九華が庠主の時のものであり、他の二通は慶長五年（一六〇〇）のものである（⑤⑥）。

①永禄十一年二月　占筮伝承系図
　〔差出〕「杏壇下九華叟（印）（印）」

②永禄十一年二月　（啓蒙翼伝云）筮法
　〔差出〕「日本之杏壇九華」
　〔宛所〕「易学発起諸徒」

③永禄十一年九月　潔斎式

〔差出〕「日向産如月示之（印）（印）」

④永禄十一年□月　叉手・掌胸

〔差出〕「日向産如月示之（印）（印）」

⑤慶長五年正月　占筮伝承系図

〔差出〕「江左之産梅叟雲意（印）（印）」

〔宛所〕「令伝授壽歓老禅」

⑥慶長五年正月　筮起請文

〔差出〕「江左之産梅叟雲意（印）（印）」

〔宛所〕「付与壽歓老禅」

①と⑤の占筮伝承系図は、占筮の伝授を証明する伝授状に相当する。⑥は伝授の時の誓約状である。②は『易経』を用いて占う時の方法について、③の潔斎式は占筮を行なう時の室内・自身の清め方と供物について、④は潔斎式の時に合掌して唱える題目について記されている。

①占筮伝承系図は次の通りである。

孔子作十翼易道大明、孔子伝之商瞿子木、々伝之及晦菴、々伝之至本朝菅家、々伝之及小野侍中、々伝之及万象、々伝之夢菴、々伝之現震、々伝之宗寿、々伝之啓遵、々伝之九華、々伝之吾木老禅也、

旹永禄十又一歳龍輯戊辰春王二月如意吉辰

杏壇下九華叟（印）（印）

この伝承系図によれば、占筮の伝授は次のような順序になる。

〔中国〕孔子→商瞿子木→晦菴（朱子）→〔日本〕菅原家→小野侍中（篁）→万象→夢菴→一栢（現震）→宗寿→九澤（啓遵）→九華

中国の商瞿は、孔子の弟子で字を子木といい、『史記』列伝第七では孔子から易を伝えられたとしている。晦菴は朱子（朱熹）の講学の時の室名である。

日本への伝授後は学者の菅原氏から小野篁へとつないでいる。その次の「万象」については不明である。万象にはあらゆる物事の意味があり、前の小野篁と次の夢菴との間が約六〇〇年あるので、人名ではなく大勢の人という意味で使われている可能性がある。

夢菴は上野国の泉龍寺の住持で、月舟寿桂の『幻雲文集』の「跋命期経軌限盈縮図後」に夢菴が一栢現震に易を伝えたことがみえるので(63)、この伝承系図の夢菴→一栢現震の伝授は事実である。夢菴以後の伝承系図の内容は信頼できると考えられ、易筮の伝授は夢菴→一栢現震→宗寿→九澤啓遵→九華の順序で九華に伝えられたことがわかる。

なお、③④の差出は日向国出身の如月となっているが、印は九華（玉崗瑞璵）のものである。九華は大隅国出身であるので、如月は九華ではない。第八世の宗銀が日向国出身で「古月」を称しており、如月は宗銀であることも考えられる。

⑤の占筮伝承系図では、九華までは①と同じで、九華の後は九華から存顧へ、存顧から寿歓老禅へ伝えられているが、差出人は「梅叟雲意」になっている。「梅叟雲意」が存顧と同一人物かどうかについては不明である。

足利学校における易筮の伝授は、古今伝授などと同様に、師が伝授状を与え、①⑤の占筮伝承系図がその伝授状に相当する。易筮は、『易経』の学習と修養が必要な特殊技能であり、足利学校の伝授状はそれを授けられた者に自信と信用を与えたと思われる。

六　第九世三要と豊臣秀次・徳川家康

第九世庠主三要は、禅僧としての道号・法諱は閑室元佶である。彼は庠主であった時に豊臣秀次に仕え、秀次の自刃後は徳川家康に仕えており、庠主を第一〇世寒松に譲り渡した後も家康に仕えた。三要は占筮も行なったが、彼の家康のもとにおける業績の多くは占筮よりも儒学や外交に関するものであったといえる。(64)

三要の出自については、『鍋島勝茂譜考補』に「円光寺閑室和尚元佶ハ、小城晴気城ノ城主千葉大隅守胤連ノ老臣野辺田伝之助子ナリ、実ハ胤連ノ落胤ニテ、胤連ノ妾懐胎ニテ野辺田氏ニ嫁シ出生ス、永禄中小城三間山円通寺塔中養源院ニテ出家ス、関東遍参ノ時、下野国足利庄ニテ坂庭与惣兵衛顕武養子トナル」とあり、(65)肥前国小城郡の晴気城主千葉胤連の妾が懐胎したまま野辺田伝之助に嫁いで生んだ子が三要で、三要は子供の時に同国の円通寺塔頭養源院で出家し、その後関東に来た時に足利荘で坂庭顕武の養子になったという。

足利学校における三要は、前節で引用した熙春龍喜の偈（『清渓稿』）に「閑室禅伯来告予曰、今月某日、当玉岡大禅師七周忌之辰、（中略）先是禅伯寓利陽十余霜、従大禅師該通経籍之奥、竟抜萃於杏壇之諸徒、加之代能化為諸徒講書伝、其才望誰不仰止乎哉、然則予之於禅伯、可謂異姓兄弟」とあり、(66)熙春にとっては兄弟のような存在であった三要は、足利学校で九華から教わって儒学書の奥義に通じ、抜群に出来たので庠主に代わって学徒たちに講義をしたという。三要は第八世の宗銀が天正十五年（一五八七）に辞した後に庠主になった。

天正十九年十月、豊臣秀吉の甥で養子の豊臣秀次が、陸奥国の九戸政実を討って帰る途中に足利学校に立ち寄り、学校の書籍とともに三要を京都に連れて行った。その後、三要は秀次が文禄四年（一五九五）に高野山で自刃するまで秀次に仕えている(67)。秀次は狩を好むなど乱暴な性格であったが、他方では学問・文芸を愛好し(68)、文禄四年には謡本百番の校注を五山の禅僧や公家たちを集めて作らせている(69)。

この謡本校注の作業に関する三要の逸話が、藤原惺窩口語・林羅山劄記の『梅村載筆』(70)にみえる。それによれば、この校注作業の時に、足利より上洛して大仏の辺に住んでいた元佶という僧（三要）が、「詩邶風栢舟」を「栢にすすむ」と読み、『弁毛破志』という本に「舟」は「羞」とあるといって、その文を紙に記して言上した。しかし、秀次にその本をみせろと急にいわれて本を出したところ、その本のなかに「舟羞也」という三字が新たに書き込まれており、元佶は面目を失ったという。藤原惺窩は三要とほぼ同時代の儒学者であり、林羅山は惺窩の弟子で、徳川家康・秀忠・家綱に仕えた。惺窩・羅山は、同じ儒学者である三要が家康の気に入られていたことにライバル意識を抱き、この話を意図的に書き残した可能性も考えられないことはない。

秀次が秀吉への謀反を疑われ、文禄四年七月十五日に秀吉の命により高野山で自刃した後(71)、三要は徳川家康に仕えている。山科言経の日記『言経卿記』には、文禄二年以降に三要に関する記事がみえ、言経は三要を「学校」や「学校の三要」と呼んでいる(72)。京都の人々は三要に対して足利学校の校長という認識をもって接していたと思われる。同記によれば、三要は慶長二年（一五九七）には伏見城にいる家康に伺候していた。

ⓐ『言経卿記』(73)慶長二年十月二十四日条

一、江戸内府へ冷同道罷向了、対顔了、毛詩一之巻講尺有ㇾ之、学校三要被ㇾ談了、（後略）

ⓑ『言経卿記』慶長三年三月三十日条

一、江戸内府へ罷向了、対顔了、毛詩講尺二之巻学校也、則聞ㇾ之、（後略）

ⓒ『言経卿記』慶長三年六月二十一日条

一、江戸内府へ冷・阿茶丸等同道罷向了、対顔也云々、御登城之砌也云々、毛詩講尺今日ハ無レ之、同黄門ニテ六韜之講尺有レ之云々、三要被レ読了、

三要は伏見城の家康（「江戸内府」）に『毛詩』（『詩経』）の講義を行ない（ⓐⓑ）、家康に面会に行った言経もこれを聴いている（ⓑ）。言経は天正十三年に正親町天皇から勅勘を蒙り、豊臣秀次や家康から扶持米を受け、家康には山科家の家業の装束調進を行なって仕えていた[74]。『言経卿記』によれば『毛詩』の講義は、慶長三年ではⓑの他に四月四・十一日、五月十四日、六月五日、七月九・二十日、九月三日、十一月十七日にも行なわれている[75]。ⓒでは、冷泉為満（言経の妻の兄弟）と阿茶丸（言経の子言緒）が伏見城に行った時には、三要の『毛詩』の講義はなく、そのかわり三要は秀忠（「黄門」）に中国の兵法書『六韜』の講義を行なっている。

このように、三要は家康・秀忠に進講して儒学者として仕えていた。なお豊臣秀吉が没したのは、この慶長三年の八月である。

また三要は、家康の命により『孔子家語』等を伏見の円光寺から刊行しており、これらは伏見版と呼ばれている。「円光寺由緒之覚」[76]（「円光寺文書」）には、「植字判木拾万字余拝領仕、以二上意一孔子家語・貞観政要・武経七書等之書籍開板仕候事」とあり、三要は家康から木活字一〇万余個を与えられて開版した。川瀬一馬氏によれば、『孔子家語』を慶長四年に、『貞観政要』を同五年、『三略』『六韜』を同四・五・九年に、『周易』を同十年、『武経七書』（『孫子』『呉子』『司馬法』等）を同十一年に刊行している[77]。円光寺は、家康が三要を開山として慶長年中に伏見に新しく建立した寺で、家康は「上方の学校」として設置したという（「円光寺由緒之覚」）。

さらに、慶長五年の関ヶ原の合戦の時には三要も従軍し、家康から指物を賜った。「円光寺由緒之覚」には、「関ヶ

原御陣、三要供奉被㆓仰付㆒、白練絹朱丸之内、学之一字之指物被㆑下㆑之候事」とあり、彼が家康から拝領した白色の練絹には朱色の丸のなかに「学」の一字が書かれていた。この「学」はおそらく学校の「学」であろう。また、「下毛埜州学校由来記」にはさらに「毎度御出陣之節、日取御吉凶等考差㆓上之㆒也」とあり(78)、三要は家康が出陣するたびにその日にちの吉凶を占って上申したという。

三要の易筮については、「毛利家文書」に三要が占った慶長九年正月の筮書(79)が残されている。毛利輝元は、関ヶ原の合戦の時に石田三成方として大坂城におり、敗戦後は知行国七ヵ国を二ヵ国に減らされ、同九年に長門国の萩に城を築いて移り住んだ。三要の筮書は、萩城の築城地を占定したものである。

その筮書には、先ず六四卦のなかの「臨」（䷒）と「比」（䷇）の卦が書かれている。これは、占筮の結果が、本卦が「臨」で之卦が「比」であり、本卦の「臨」のうち三つの爻が変化して之卦「比」となったということである。易筮では、三つの爻が変化した場合は、本卦と之卦の卦辞で占う(80)。この筮書はまさにそれに従っており、『易経』から「臨」と「比」の卦辞の解釈（彖辞・象辞）を引用して記している。

それによれば、本卦「臨」の象辞は「沢上有㆑地臨、君子以教思无窮、容㆓保民㆒无㆑疆」で、之卦「比」の象辞は「地上有㆑水比、先王以建㆓万国㆒親㆓諸侯㆒」であり、要するに、水のそばであれば施政によいということをいっている。実際、萩城は指月山の麓に日本海に臨むように築かれており、萩城の築城の時にはこの三要の占筮の結果を参考にしたと考えられる。

三要は慶長七年に足利学校の庠主を正式に辞任し、寒松に庠主を譲った（「寒松稿」）。同八年に家康が江戸に幕府を開いた後、同十二年に三要は将軍秀忠の命により幕府の朝鮮来聘使への復書を作成(81)し、同十三年には外国渡航の朱印状をつかさどり(82)、幕府の外交部門も担当した。家康は、同十二年に駿府城に移ると、同十四年に駿府に円光寺を建立して三要を住持としている。三要は駿府で家康に仕え、同十七年に駿府で六五歳で没した（「円光寺由緒之記」等）。

三要は、足利学校長の儒学者として家康らに仕えて政治を輔佐しており、易筮はその活動の一部であったといえる。家康の『毛詩』受講や秀忠の『六韜』受講、伏見版の刊行は、家康が、政治をつかさどる者は中国の儒学書・兵法書の勉学が必要であると考えていたことを意味している。三要は、彼の要望に応じて儒学者としての諸知識・技能を政治の世界で役立てたのであった。

おわりに

江戸時代初期成立の『甲陽軍鑑』品第八には、武田信玄が長坂長閑に、易占いをする徳厳という人物について「占は足利ニテ伝授か」と尋ねた話がみえ、(83)少なくとも江戸初期には足利学校は易占いを伝授する学校として知られていたことがわかる。足利学校では、江戸時代には毎年正月に幕府の将軍の運勢を易筮で占い、占いの結果を将軍に奉っていた。現在足利学校にはその年筮の下書きが三八枚伝存しており、最も古い年筮は寛文九年（一六六九）のものである。(84)

このように足利学校は、江戸時代には易占いの学校という評価が定着する。しかし、室町時代〜織豊期の足利学校の特色は、儒学を専門に教授する学問の機関であった。その儒学のなかでも、易学の講義を庠主（能化）の快元・九華らが行なって学徒に易筮を伝えた。同校の易占いは、易筮の伝授を証明する伝授状によって権威付けられていったと思われる。易筮は合戦をする戦国武将たちが占いを必要としたことに適合して用いられたが、(85)しかし、それでもなお当時の足利学校は、庠主三要の徳川家康への『毛詩』進講にみられるように、儒学等の学問を教えることにその本質があったといえよう。

注

（1）結城陸郎『金沢文庫の教育史的研究』（吉川弘文館、一九六二年）。
（2）東京大学史料編纂所編『日本関係海外史料　イエズス会日本書翰集　譯文編之一（上）』（東京大学出版会、一九九一年）二一八頁。『聖フランシスコ・ザビエル全書簡3』（河野純徳訳、東洋文庫、平凡社、一九九四年）一二八頁。
（3）『ジョアン・ロドリーゲス日本教会史 下』（大航海時代叢書X、岩波書店、一九七〇年）第三巻第一八章、四七〇頁。
（4）足利衍述『鎌倉室町時代之儒教』（日本古典全集刊行会、一九三二年、復刻版、有明書房、一九七〇年）。
（5）川瀬一馬『増補新訂 足利学校の研究』（講談社、一九七四年）。
（6）結城陸郎『足利学校の教育史的研究』（第一法規出版、一九八七年）。
（7）和島芳男『日本宋学史の研究 増補版』（吉川弘文館、一九八八年）。
（8）前掲注（4）～（7）著、今泉淑夫「足利学校学徒表稿」（『日本歴史』四二八、一九八四年）、橋本芳和「近世初頭の足利学校庠主に関する基礎的研究」（『政治経済史学』二二八、一九八五年）、倉澤昭壽「足利学校庠主年譜稿」（『学校』三、二〇〇三年）、同「足利学校学徒考」（『学校』四、二〇〇四年）等。
（9）小和田哲男『戦国武将を育てた禅僧たち』（新潮選書、二〇〇七年）等。
（10）大隅和雄『事典の語る日本の歴史』（そしえて文庫14、そしえて、一九八八年、講談社学術文庫、二〇〇八年）五「『太平記』」。
（11）『群書類従』第二十輯、合戦部（訂正三版、続群書類従完成会）。
（12）『公卿補任』承和十四年の小野篁の項。
（13）八代国治「足利庄の文化と皇室御領」（同『国史叢説』吉川弘文館、一九二五年）、結城前掲注（6）著一六頁、など。

(14) 結城前掲注（1）著。
(15) 前澤輝政『足利学校―その起源と変遷―』（毎日新聞社、二〇〇三年）。
(16) 同右、第五章「足利学校の起源と変遷」。
(17) 『上杉系図』（『続群書類従』第六輯下）、「上杉家文書」応永二十六年八月二十八日将軍足利義持袖判御教書。
(18) 結城注（6）著二〇頁に写真を掲載。
(19) 『足利市史 上巻』（足利市役所、一九二八年）第四期第三章「京都主権の下に置かれたる関東管領」、『近代 足利市史 第一巻 通史編 原始～近代(二)』（足利市、一九七七年）第二編第三章「鎌倉公方と足利荘」、佐藤和彦「下野足利荘の成立と展開―内乱と足利一族―」（中世東国史研究会編『中世東国史の研究』東京大学出版会、一九八八年）、松本一夫「足利庄をめぐる京・鎌倉関係」（『古文書研究』二九、一九八八年）参照。
(20) 『満済准后日記』応永三十年六月五日、同三十一年二月五日、七月二十三日条。
(21) 『神奈川県史 資料編3 古代・中世（3上）』（神奈川県、一九七五年）五六八五号。
(22) 『満済准后日記』永享三年三月二十日条。
(23) 『満済准后日記』永享四年四月十四日条。
(24) 『足利将軍御内書幷奉書留』（永享十年）七月晦日室町幕府管領細川持之書状案。
(25) 拙稿「上杉憲実の実像と室町軍記―『鎌倉大草紙』『永享記』をめぐって―」（民衆史研究会編『民衆史研究の視点―地域・文化・マイノリティ―』三一書房、一九九七年、黒田基樹編著『（シリーズ・中世関東武士の研究）関東管領上杉氏』戎光祥出版、二〇一三年、所収）。
(26) 『永享記』（『続群書類従』第二十輯上）。
(27) 『看聞日記』永享十年十二月八・十五日条、『建内記』永享十一年二月二日条。
(28) 結城前掲注（6）著五八頁に長徳寺所蔵文書の写真・翻刻を掲載、『栃木県史 史料編 中世三』（栃木県、一九七八年）「榊原家所蔵文書」（内閣文庫所蔵）一。

（29）史跡足利学校事務所・足利市立美術館編『足利学校―日本最古の学校　学びの心とその流れ―』（二〇〇四年）。
（30）同右。
（31）前掲注（26）書、『日本洞上聯燈録』巻五「龍文竹居正猷禅師法嗣」。
（32）『建内記』文安四年三月二十四日、七月十日条。
（33）『臥雲日件録』文安五年八月十九日条。
（34）和島前掲注（7）著二五五頁。
（35）前掲『栃木県史 史料編 中世三』［注（28）］「榊原家所蔵文書」（内閣文庫所蔵）二。
（36）『古辞書叢刊〈第二〉元和三年版 下学集』（山田忠雄監修・解説、新生社、一九六八年）一四三頁。
（37）近藤春雄『中国学芸大事典』（大修館書店、一九七八年）二七七頁。
（38）東京大学史料編纂所編『大日本史料 第九編之二』（一九二八年、覆刻、東京大学出版会、一九八六年）永正五年六月十五日条。
（39）古注・新注については、足利前掲注（4）著、吉川幸次郎『論語 上』（朝日選書、一九九六年）等参照。
（40）足利前掲注（4）著六〇七頁、川瀬前掲注（5）著一六七頁、結城前掲注（6）著一七九頁、和島前掲注（7）著二六二頁。
（41）前掲注（38）。
（42）和島前掲注（7）著第二編第一章三「岐陽とその門下」。
（43）長澤規矩也編著『補訂足利学校遺蹟図書館古書分類目録』（汲古書院、一九七五年）、前掲注（29）『足利学校』によれば、上杉憲実が寄進した宋刊の『尚書正義』は、注は前漢の孔安国、疏は唐の孔穎達ら、宋刊『（附釈音）毛詩註疏』は、注は漢の毛亨・鄭玄、疏は唐の孔穎達ら、宋刊『礼記正義』は、注は漢の鄭玄、疏は唐の孔穎達ら、宋刊『（附釈音）春秋左伝註疏』は、注は晋の杜預、疏は唐の孔穎達らである。
（44）同右『補訂足利学校遺蹟図書館古書分類目録』、前掲注（29）『足利学校』によれば、注は魏の王弼と晋の韓康伯、疏は唐の孔穎達らである。

(45) 足利前掲注（4）著六〇七〜六〇八頁。
(46) 川瀬前掲注（5）著一六七頁。
(47) 武内義雄『中国思想史』（岩波全書、一九五七年）第三十章「清学の推移」、近藤光男『清朝考証学の研究』（研文出版、一九八七年）等参照。
(48) 足利学校に伝えられた『礼記集説』の第一・二・三・五冊の巻末の識語に「能化肥後之産天矣」あるいは「能化天矣」とあり、また、北条氏政が永禄三年に寄進した宋刊『文選』巻二四・五七の巻末識語に「能化九華」とみえる（川瀬前掲注（5）著八三・九三頁）。
(49)『足利市史 下巻』（足利市役所、一九二九年）二七四頁。
(50) 足利前掲注（4）、川瀬前掲注（5）著。
(51) 今泉前掲注（8）「足利学校学徒表稿」等。
(52) 前掲注（49）一九七頁。
(53) 川瀬前掲注（5）著八二頁に引用。
(54) 鈴木博『周易抄の国語学的研究 研究篇』（清文堂出版、一九七二年）四一頁。
(55) 同右、四二頁所載の両足院本。川瀬前掲注（5）著二四・八一頁参照。
(56) 川瀬前掲注（5）著八三〜八九頁。
(57) 今泉淑夫『彭叔守仙禅師』（平住仰山、二〇〇五年）一一三〜一一五頁。
(58)『続群書類従』第十三輯下（訂正三版）九五八頁。川瀬前掲注（5）著一〇一・一〇二頁参照。
(59) 前掲注（29）『足利学校』四五頁に写真掲載。
(60) 同右、四六頁に写真掲載。
(61) 川瀬前掲注（5）著九三頁。
(62) 同右、一八三〜一八六頁に翻刻、同著に写真も掲載。前掲注（29）『足利学校』には①の写真を掲載。

(63)『続群書類従』第十三輯上（訂正三版）四一三頁。前掲今泉注（8）論文参照。
(64) 三要の事績については、東京大学史料編纂所編『大日本史料 第十二編之九』（一九〇六年、覆刻、東京大学出版会、一九七一年）慶長十七年五月二十日条、川瀬前掲注（5）著、前掲倉澤注（8）論文等を参照。
(65) 東京大学史料編纂所編注（64）書八四六頁。
(66)『続群書類従』第十三輯下（訂正三版）九五八頁。
(67)『羅山林先生詩集』巻六（京都史蹟会編、平安考古学会、一九二〇年）八八頁。
(68) 渡辺世祐『豊太閤の私的生活』（日本文化名著選、創元社、一九三九年）第一編第四章「豊臣秀次」。
(69)『言経卿記』文禄四年三月二十六日条等。
(70)『日本随筆大成〈第一期〉1』（吉川弘文館、一九七五年）五四頁。
(71)『言経卿記』文禄四年七月十六日条。
(72)『言経卿記』文禄二年二月七日、同三年三月二十日条。
(73) 東京大学史料編纂所編『大日本古記録 言経卿記 八』（岩波書店、一九七三年）。
(74) 拙著『中世公家の経済と文化』（吉川弘文館、一九九八年）二九〇頁。
(75) 倉澤前掲注（8）「足利学校庠主年譜稿」で指摘。
(76) 東京大学史料編纂所編前掲注（64）書八四三頁。
(77) 川瀬一馬『増補古活字版之研究』中巻（The Antiquarian Booksellers Association of Japan 一九六七年）六九四〜六九八頁、九五二頁。川瀬前掲注（5）著一〇八頁。
(78) 東京大学史料編纂所編前掲注（64）書八四五頁。
(79)『大日本古文書 家わけ第八 毛利家文書之三』（東京帝国大学、一九二二年）一一七四号。
(80) 易筮の方法については、中村璋八・古藤友子『周易本義』（中国古典新書続編、明徳出版社、一九九二年、三版二〇〇五年）「解説」を参照。

(81)　東京大学史料編纂所編『大日本史料　第十二編之四』(一九〇三年、覆刻、東京大学出版会、一九六九年) 慶長十二年五月十一日条。
(82)　東京大学史料編纂所編『大日本史料　第十二編之五』(一九〇四年、覆刻、東京大学出版会、一九六九年) 慶長十三年正月十一日条。
(83)　『甲陽軍鑑(上)』(戦国史料叢書、磯貝正義・服部治則校注、人物往来社、一九六五年) 一四八頁。
(84)　前掲注(29)『足利学校』一七六頁、拙著『占いと中世人―政治・学問・合戦―』(講談社現代新書、二〇一一年) 一三一頁。
(85)　川瀬前掲注(5)著第三章「室町時代における足利学校の教学目的とその存在意義」、小和田前掲注(9)著第五章「易者でもあった禅僧」。

第Ⅲ部　貴族たちの学習

第一章　公家社会の教養と書籍――中院通秀とその周辺――

はじめに

室町時代、とくに応仁の乱の勃発後は、守護・国人ら現地の武士による荘園押領が進み、荘園を主要な経済的基盤としてきた公家たちは困窮化していく。これにともない、公家の朝廷への不出仕や地方下向・在国が増加した(1)。困窮化した公家が武家・武士に対して優位性を保つことができたものは、高い官位・官職と、古典文化などの文化的教養であった。

室町時代の公家社会では、和歌・漢詩を詠むこと、古典文学・有職故実・管絃・蹴鞠など平安期以来の貴族文化は依然として必要な教養であった。公家が身につけていた古典文化の教養は武家などにも重宝され、公家社会内部においても重要視されていたといえる。しかし、申楽（能）・連歌・お伽草子など武家・庶民文化が台頭してきた室町時代においては、公家たちもこれらの文化と少なからず関わりがあったと考えられる。

公家社会の教養や文化的関心の傾向を知る手がかりとして書籍がある。公家が書写・校合した書籍については、すでに高野辰之氏(2)・芳賀幸四郎氏(3)の詳細な研究がある。とくに芳賀氏は、室町時代中頃の公家の日記などから典籍の記事を収集して典籍を種類別に分類し、平安期の公家社会の教養が漢籍を中心としていたことに比べ、室町中期では和書に教養の重心が移ったことを指摘している。本章では、これら芳賀氏等の分類にならい、芳賀氏が用いていない中院通秀の日記『十輪院内府記』にみえる書籍について取り上げ、室町時代中頃における公家と朝廷（後土御門天皇）の教養や文化的関心について考察する。また、同記にみえる将軍足利義尚の和歌の打聞編纂を通して、当時存在した多くの和歌集についても言及する。

一　『十輪院内府記』にみえる書籍

中院家は、久我家と同じく村上源氏で、源（土御門）通親の子通方を祖とし、家格は大臣家である。なお久我家は通方の同母の兄通光を祖としている。中院通秀は、正長元年（一四二八）に生まれ、文明十三年（一四八一）に従一位、同十七年に内大臣に至り、明応三年（一四九四）に六七歳（数え年）で没した。『十輪院内府記』は、通秀が五〇～六一歳の文明九年～長享二年（一四八八）の日記で、『塵芥記』ともいう。『十輪院内府記』の時代の天皇は後土御門天皇で、同天皇は嘉吉二年（一四四二）に生まれて明応九年に五九歳で没しており、通秀より一六歳年下であった。

通秀は文芸にすぐれており、文明十三年八月には後土御門天皇の命で狭衣能を作進している。また、同十五年に将軍足利義尚が和歌の打聞の編纂を行なった時には、三条西実隆・姉小路基綱とともに通秀も撰者として参加した。

通秀の『十輪院内府記』(4)に書名がみえる書籍を和書・漢籍・仏典に分け、和書・漢籍はさらに内容別に分類して掲出する(5)（書籍名の下に所載の年月日を付す。㋑をつけたものは同記の「打聞記」に所載）。

【和書】

［歴史・伝記］

『日本書紀』（文明十三年六月八日条）

『増鏡』（文明十五年八月六日条）

『帝王系図』（文明十六年六月十七日条）

『太平記』（文明十七年十月十七・二十三・二十四・二十七・二十八日、十一月十九日、十二月十五・十六日条）

『皇代記』（文明十八年十月十四日条）

［物語］

『源氏物語』（文明十一年閏九月十八日、十一月十四日、同十三年二月十四日、八月二十五日、九月六・二十一日、同十四年二月一日、同十六年二月八・十七・十八日、四月九日、五月十四日、六月五日、同十七年十一月一日、同十八年二月十九日、六月二十七日、同十九年三月十五日条、紙背文書（文明十一年）閏九月二十三日中御門宣胤勘返状）

『狭衣物語』（文明十三年六月十一日条）

『伊勢物語』（文明十五年四月五日条）

『いはで忍物語』（文明十五年八月六日条）

『大和物語』（㊉文明十五年八月二十四日条）

［説話］

『宇治大納言物語』（文明十四年四月十一日条）

［絵巻物］
『大師御絵（弘法大師行状記）』（文明十一年十月二十七日条）
『石清水八幡宮縁起』（文明十四年六月二十三日、同十五年四月十五日、同十七年五月十四日条）
『狭衣物語絵』（文明十七年九月二十八日条）
『星光寺縁起』（文明十八年八月二十四日条）

［詩歌集］
『三十六人歌人（三十六人家集ヵ）』（文明十三年六月二十九日条）
『夫木和歌抄』（文明十四年六月二十二・二十五日条）
『古今和歌集』（文明十四年七月十一日、同十六年四月十六日条）
『拾遺和歌集』（文明十四年閏七月一日条）
『横川之集』（横川景三の漢詩集）（文明十五年四月五日条）
『万葉集』（㊉文明十五年八月九日、㊉同十六年十月六日、同十八年十月八日条）
『塵芥抄』（中院通秀詠草）（文明十六年七月三日条）
『金葉和歌集』（文明十七年六月二十一日条）
『源氏物語目録歌』（文明十九年二月十七日条）

［歌論・注釈書］
『詞林採葉抄』（文明九年四月一日、同十四年六月十四日、同十五年五月十五日条）
『花鳥余情』（文明十三年八月十八日、同十六年五月二十六日、七月二十九日条）

『西行談抄』（文明十四年六月十四日、同十五年五月十二・十四・十五日、同十七年十一月十五日条）

［有職故実・補任］

『行事部類記』（紙背文書（文明十一年）閏九月二十三日中御門宣胤勘返状）
『宣旨抄』（文明十二年八月五日条）
『江家次第』（文明十三年一月十七日・二十日、二月一日、三月九日条）
『補歴』（文明十三年一月三十日、同十七年閏三月二十四日条）
『年中行事』（文明十七年四月十二日条）
『装束抄（餝抄）』（文明十八年三月六日、四月四・十六日条）
『蛙抄』（文明十八年七月二十七日条）
『軒廊旧事記』（文明十九年二月五日条）
『禁秘抄』（文明十九年三月三日条）

［日記］

『継塵記』（文明十三年六月十三日条）
『園太暦』（文明十五年三月三十日、同十六年八月五・八日、同十七年一月二十一・二十四・二十六日、二月十二・二十二・二十三日、四月二十五日、七月十八・二十一・二十九日、同十九年二月八・九日、三月十五日、五月二十九日条）
『十六夜日記』（㊒文明十五年八月十六日条）
『紫式部日記』（㊒文明十五年八月二十四日条）

『建保六年順徳院御記撰』（文明十七年二月二日条）
『明月記』（文明十七年十月二十二日条）
『高祖父一位殿（中院通冬）御記』（文明十八年二月三日条）
『文明改元日記（糟粕記）』（海住山高清略記）（文明十九年六月十四日・十五日条）
［辞書類］
『聚分韻略』（文明十一年六月二十七日条）
『暦林問答集』（文明十八年十一月一日条）
［仏書］
『往生要集』（文明十六年六月二十七日、同十七年十二月十三日、同十八年五月二十八日条）
【漢籍】
［儒教］
『毛詩』（文明九年二月十六日、同十九年一月十九日条）
『礼記』（文明十一年六月二十七日、閏九月六日条）
『御注孝経』（文明十九年一月一日条）
［道教］
『荘子』（文明十三年三月十一日条）
『老子』（文明十三年三月二十四日条）
［政治］

『貞観政要』（文明十六年九月二十二日条）

［詩文］

『楽府』（文明九年二月二十五日条）

『三体詩』（文明十一年六月五日条）

『東坡詩』（文明十三年六月五日条）

『山谷集』（文明十三年十月十一日条）

『中興詩（中興間気集ヵ）』（文明十八年二月三十日条）

［類書・辞書・雑書］

『太平御覧』（文明十三年三月十一日条）

『貴耳集』（文明十三年十月十一日条）

『十韻（集韻ヵ）』（文明十五年三月八日条）

【仏典】

『遺教経』（文明十三年二月十三日、同十八年二月九日条）

『法華経』（文明十六年二月十五日、同十七年五月一日、同十八年六月六日条）

『理趣経』（文明十八年一月二・三日条）

『阿弥陀経』（文明十八年二月十六日条）

『仁王経』（文明十八年三月二十五日、五月一日条）

『無量義経』（文明十八年八月二十八日条）

このほかに、『十輪院内府記』には書籍と思われる名として、「論点」(文明十二年三月十日条)、「毛車篇」(文明十八年一月二十七日条)がみえるが、該当する書名は不明である。

また、通秀は文明十五年に将軍足利義尚の命により打聞の撰者として和歌集等を渉猟しており、『十輪院内府記』には通秀が撰歌のためにみた多数の歌集の名が挙げられているが、これについては一括して後述する。なお、前掲の和書のなかにもこの打聞編纂のためにみたものを少し含めており、『増鏡』『いはで忍物語』『大和物語』『万葉集』『十六夜日記』『紫式部日記』がこれにあてはまる。

これらの和書と漢籍は、芳賀氏が室町中期の公家社会の教養傾向として指摘したように、和書の方が多い。これらには、通秀が自邸で書写したもの、知人等に貸したりしたものがあるほか、後土御門天皇の命により校合を行なったり、天皇の御前で読んだものもある。また、和歌を愛好した将軍足利義尚に貸与したものや、前述したように義尚の打聞の編纂作業としてみたものもある。以下、これらの書籍の傾向について、それぞれの場合を具体的にみていこう。

二　中院通秀の書写・校合・講読

『源氏物語』は『十輪院内府記』にみえる書籍のなかでも頻出する書籍である。『源氏物語』は中世においては重要な公家文化として位置づけられていたといえる。

中院通秀は、文明十三年(一四八一)九月二十一日に伏見宮邦高親王の御前で宇治十帖の一(『源氏物語』第四五巻の橋姫)を読み、また、同十四年二月一日には後土御門天皇の御前で『源氏物語』の早蕨(第四八巻)を読んだ。これらは通秀が読んで解説したものと考えられる。

通秀は、文明十三年八月二十五日に自邸で飯川某と『源氏物語』桐壺（第一巻）を読み、九月六日には彼と若紫（第五巻）を読んだ。この飯川氏は、能登国守護畠山義統の被官の飯川光助という人物ではないかと思われる。米原正義氏によれば(6)、義統は室町幕府の相伴衆で、応仁の乱では西軍として戦い、乱が終わった文明九年十一月に能登国に帰国した。義統が同十三年三月十八日に能登国府中で開催した歌合で光助は和歌を詠んでおり、同十四年十一月五日には光助の邸宅で歌会が催されている。米原氏によれば、義統の文芸の師匠である招月庵正広が同十三年四月に能登国から上洛し、十月に能登国に戻っている。考えられる可能性としては、飯川光助もこの正広に同行して上洛し、在京中に通秀から『源氏物語』桐壺・若紫の巻を教わったのではないだろうか。

通秀自身のためと思われるものとしては、自邸で行なった宇治十帖の巻の書写・校合があり、文明十六年二月八日に橋姫の巻を書写しはじめ、同月十七日に写し終えた。そして翌十八日には椎本（第四六巻）を書写しはじめている。また、六月五日には橋本公夏（西園寺家庶流）とともに宿木（第四九巻）の校合を行なった。

このほかに通秀は、同十六年四月九日に異母弟の連歌師牡丹花肖栢から(7)『源氏物語』の篝火（第二七巻）を借りて二楽軒（飛鳥井雅康）に遣わした。また、通秀は同十八年六月二十七日には通秀邸に来た朝廷絵師の土佐光信と『源氏物語』について談じ、同十九年三月十五日には三条西実隆と光源氏の系図について問答している。『源氏物語』の注釈書である一条兼良著『花鳥余情』については、通秀は橋本公夏と『花鳥余情』一五帖の校合をしている。

これらの『源氏物語』関係の事例は、通秀が『源氏物語』に精通していたことを示していると思われ、また、当時の天皇家・公家・武家・連歌師も『源氏物語』の読習に努めていた様子がうかがえる。

このほかに『十輪院内府記』にみえる平安期の物語・説話では、通秀は朝廷で源隆国編『宇治大納言物語』の校合を行ない、自邸で『伊勢物語』の校合を藤原定家自筆本で行なった。また、文明十三年六月十一日に天皇から『狭衣物語』のことについて尋ねられ、その後まもなく、八月十一日に天皇から狭衣の能を作進せよと命ぜられており、通秀は二十一日に朝廷で三条西実隆と狭衣能を作成した。

和歌集に関しては、通秀は朝廷で『古今和歌集』の校合を行ない、『拾遺和歌集』（花山院撰の勅撰和歌集）の校合を天皇と行なっており、『夫木和歌抄』（藤原長清編の類題別私撰和歌集）を天皇に貸与している。また、橋本公夏からは「三十六人歌人」（『三十六人歌集』のことであろう）の新写本を贈られている。

また、通秀は和歌を愛好した将軍足利義尚に、『万葉集』の注釈書である由阿著『詞林採葉抄』や『万葉集』の作者部類、蓮阿著『西行談抄』等を貸与している。

通秀は漢詩も得意であったらしく、『十輪院内府記』文明十一年閏九月十三日条に「余和漢才学有二叡感一」とみえ、天皇が通秀の和歌・漢詩に関する才能・博学をほめたという。通秀は『楽府』（白居易の漢詩集「新楽府」のことであろう）、『東坡詩』（宋の蘇東坡の詩）、相国寺の横川景三の漢詩文集を書写している。

天皇も漢詩には自信があったとみえ、朝廷で天皇は『三体詩』（南宋の周弼編の唐詩選集）の七言八句の講義を行ない、通秀らは聴聞している。また、朝廷では、相国寺の蘭坡景茝に『山谷集』（宋の黄庭堅の詩文集）と『貫耳集』（宋の張瑞義の撰で、朝廷の奇譚集）の講義もさせている。

唐の玄宗皇帝が注釈した『御注孝経』は男子の読書始の儀式などでよく使われた書物であるが、通秀は文明十九年に一月一日の読みはじめの書物として用いている。五経の一つ『礼記』については、通秀は曲礼篇を書写して勧修寺教秀に返している。また、前代の後花園天皇の時に、『荘子』を未習読であった通秀は、同天皇から『荘子』を進講せよと命ぜられて進講したといい、通秀は漢籍を読む能力にすぐれていたと思われる。

このほか、通秀は朝廷で『貞観政要』第一〇巻の校合を行なっている。また、類書の『太平御覧』は朝廷の和漢御会で辞書として活用されており、朝廷に常備されていたようである。

大江匡房撰『江家次第』は朝廷の有職故実に関する書物である。通秀は文明十三年一月十七日に自邸で勧修寺経茂と『江家次第』の校合をし、二十日には朝廷で校合を行なっている。その後、久我通博がこの『江家次第』の首書と裏書を書き、三月九日に天皇に進上された。三条西実隆の日記『実隆公記』によれば天皇はその翌日に『江家次第』第二巻の書写を実隆に命じているので(8)、通秀は第一巻の書写を天皇に命じられていたと考えられる。これらから、室町中期においても『江家次第』は朝廷で重視されていたことがわかる。

このほかの有職故実書については、通秀は『宣旨抄』や先祖中院通方撰の『餝抄』の書写を行なっており、『禁秘抄』の一部を書き写して柳原資綱に遣わしている。

ところで通秀は、南北朝期の洞院公賢の日記『園太暦』一二五巻を公賢の子孫である洞院公数から千疋(一〇貫文)余で譲り受け、文明十七年に『園太暦』の目録を作成した。公賢は有職故実に詳しく、『園太暦』には有職故実に関する記事が多く含まれているので、有職故実書としても活用できる日記である。なお現存の『園太暦』は、甘露寺親長がこの中院家の原本を借りて作成した抄録である。通秀が所持していた原本は、文亀三年(一五〇三)四月に通秀の婿養子通世が困窮により実隆の仲介で後柏原天皇に八〇〇疋(八貫文)の代価で進上したが(9)、現在は所在不明である。

このほかの日記については、通秀は来訪した冷泉為広に藤原定家の日記『明月記』一帖をみせてもらっており、これはおそらく定家の自筆本であろう。また、近江国坂本で抑留されていた高祖父中院通冬の日記が姉小路基綱から送られてきており、通秀は喜んだ。

歴史関係では、通秀は『日本書紀』第三巻を飯尾宗祇に借り、『皇代記』の書写を行ない、『帝王系図』を返却されている。

辞書類では、通秀は韻書の虎関師錬撰『聚文韻略』を二五疋（二五〇文）で購入している。また、賀茂在方撰『暦林問答集』は幕府の高倉新第の造立に関する吉凶を調べることに使われたようである。

室町時代の天皇・公家は、貴族社会の古典的な文化にのみ固執していたわけではなく、中世に作られた文学・美術作品の摂取にも努めていたことが以下の事例からわかる。

後土御門天皇は文明十七年十月に『太平記』の書写を諸公卿に命じた[10]。近衛政家は『太平記』の剣巻（巻三二の「無剣璽御即位無例事」のことか）を書写して同月二十八日に進上し[11]、三条西実隆は『太平記』巻一二の書写を十一月十六日に終え、その後校合を行なっている[12]。通秀の場合は、通世に『太平記』書写の命が下ったが、通秀が書くことを申し入れて書写し、十一月十九日に進上した。通秀は天皇から書き直すようにいわれたが、結局書き直さなくてもよいことになった。『太平記』が室町期の公家社会でも愛読されたことは芳賀氏も指摘している[13]。

室町時代の諸日記には絵巻物を閲覧した記事が散見し、『十輪院内府記』も同様である。

通秀は文明十一年十月二十七日に比丘尼御所の入江殿（三時知恩寺）で「大師御絵」をみせてもらっている。なお、入江殿には通秀の姉智周がいた。この「大師御絵」は、『弘法大師行状絵詞（弘法大師行状記）』『弘法大師絵伝』などと呼ばれている絵巻物に相当する。現在東寺に所蔵されている『弘法大師行状絵詞』一二巻は、詞書の筆者として大覚寺深守法親王等一〇人が伝えられ、絵は東寺絵所の巨勢行忠等四人が描いたとされている。東寺本を写した醍醐寺所蔵本の奥書によれば、仁和寺等に所蔵されている絵詞を参照して永和四年（一三七八）頃に新しく作成したという[14]。東寺としては、しかるべき門跡様が所望すれば貸し出すが、普通の人には貸さないとしていた[15]。入江殿は一応門跡に相当する。三条西実隆も入江殿所蔵の「弘法大師絵」一二巻を文亀元年（一五〇一）六月十七日にみて詞書を読んでおり[16]、この「弘法大師絵」は東寺本か東寺本系統の絵巻物と考えられる。
通秀は文明十七年九月二十八日に「狭衣絵」（『狭衣物語絵』）を借用しているが、これが先述の狭衣能と関係するかどうかは不明である。『狭衣物語絵』は現在、鎌倉後期の作とされる絵巻物の断簡が東京国立博物館に所蔵されている[17]。

また通秀は、文明十八年八月二十四日に姉小路基綱から「星光寺ヤ子フキ縁記（起）」を贈られた。「星光寺縁起」については、土佐光起が土佐光信の絵と鑑定した室町時代の絵巻物二巻が現在東京国立博物館に所蔵されている[18]。「ヤ子フキ」は「屋根葺地蔵」のことで、星光寺の別名である。土佐光信が絵を描いて三条西実隆が詞書を書いた「星光寺縁起絵」が文明十九年に天皇に進上されており[19]、東京国立博物館本がこれに該当するかどうかについては賛否両論がある。通秀が基綱から贈られた「星光寺縁起」は同十九年より以前のものであるので、詞書のみの写本であろう。

通秀は、石清水八幡宮の別当田中奏清からの注文で「石清水縁起」を清書している。これは、永享五年（一四三三）四月二十一日に将軍足利義教が奉納した絵巻物の『石清水八幡宮縁起』（詞書は妙法院と義教、絵は土佐将監（光広））に該当すると考えられ、通秀は詞書の部分を清書したと思われる。なお原本の絵巻物は昭和二十二年（一九四七）に焼失した[20]。

朝廷では、文明十二年八月三日に後土御門天皇が絵解きをみている。また、同月二十二日には天皇は通秀と絵詞を読み、絵が天皇の方に向いて置かれたので通秀は逆向きで詞書を読んだ。天皇は同十六年十二月十二日にも通秀を召して絵詞を読んでいる。これらによれば、天皇は絵巻物を好んでみていたと思われる。

なお朝廷では源信著『往生要集』の講義をたびたび行なわせている。文明十六年六月二十七日には仏陀寺の知練、同十八年五月二十七〜三十日には智善院（西教寺）の真盛が講義を行なっており[21]、通秀もこれらを聴聞した。当時、浄土教に対する信仰が公家社会において広まりつつあったことがうかがえる。

三　将軍足利義尚の打聞編纂と和歌集

足利義尚は文明五年（一四七三）に八歳で征夷大将軍となり、同八年に後見役の日野勝光が没すると、義尚の母日野富子が代わりに政務を行なっていたが[22]、一八歳の同十五年六月、義尚は富子と不和になり、富子の小川御所を出て伊勢貞宗邸に移った[23]。

このことと関係しているかどうかは不明であるが、義尚は同年二月に打聞の編纂を企画し、人選の準備に入った[24]。「打聞」には私撰和歌集の意味があり[25]、義尚は私撰和歌集の編纂を試みたのである。井上宗雄氏によれば、義尚は若年の頃から和歌への関心が強く、一三歳の同十年に歌会を催しはじめている[26]。義尚が和歌を非常に愛好したことは、『十輪院内府記』『実隆公記』に中院通秀や三条西実隆が義尚から和歌の詠進を命じられたことが数多く記されていることからもわかる。義尚のかなり強引な詠進の命には通秀・実隆も大分困惑していたようである。

義尚の打聞編纂については、『十輪院内府記』によれば、同年七月二十二日に義尚から二階堂政行が使者として通秀邸に来て撰者になることを要請した。通秀は政行に、打聞が「無人之間難二事行一」、人がいなくて実行できない、といわれたが、それでも撰者になることを辞退し続けた。しかし結局、翌日も来た政行に説得されて力なく了承している。

打聞編纂には公家衆と武家衆の両方の人員がいた。公家衆では撰者が中院通秀・三条西実隆・姉小路基綱、執筆が中山宣親・勧修寺政顕で、武家衆では大館尚氏・一色政熙・二階堂政行・杉原宗伊（賢盛）・岩山尚宗・河内頼行がおり、二階堂政行は奉行、杉原宗伊は撰者であった。『十輪院内府記』『実隆公記』によると、編纂の式日が四・八・

十四・十八・二十四・二十八日に定められており、原則的にその日には幕府に出仕して編纂作業を行なわなければならなかった。

『十輪院内府記』と『実隆公記』にはそれぞれに別記の打聞記があり、この打聞編纂のために分担して目を通した和歌集が書き留められている。これらから当時存在していたさまざまな和歌集について知ることができる。

『十輪院内府記』の「打聞記」と書かれた別記は、文明十五年七月〜同十六年十二月の打聞関係の記事を収めている。これにみえる通秀が打聞編纂のために目を通した歌集を以下に掲出する。原則として、記されている書名をそのまま年月日順に記した。なお、二度以上みえる場合は最初の日に記した。

〔文明十五年〕
七月二十六日　宋雅千首、故禅閤功題百首
八月　四日　持之、教親、北野三百六十首
　　六日　いはて忍物語、真寸鏡、更衣、忠度朝臣集、有房集
　　八日　源道済、季通朝臣、輔尹朝臣、千里、義孝、津守国基、相如、別当入道惟方、祭主輔親
　　十四日　隆信朝臣集、重家卿集、秀能集、顕綱集
　　十六日　顕季卿集、深養父、源兼澄、時明、為隆、公重号梢少将、風情集
　　　　乾元々年卯月廿八日仙洞歌合、石清水南宮歌合寛喜四・三・廿五、伊佐与伊日記安嘉門院四条、阿仏
　　十八日　法住寺殿歌合嘉応二・十・十六、仙洞十人歌合正治二・九・十二、
　　　　中宮亮顕輔歌合長承三・九・十三、基俊判、中宮亮重家朝臣歌合永万二、
　　　　太皇太后宮亮平経盛朝臣歌合仁安二・八、九条前内大臣八百番歌合建長元・八・十一

二十二日　石山杲守僧正詠草、住吉歌合、影供歌合建長七・九・十三、前後百番歌合正応二御風躰、大斎院選子集、冷泉・円融・花山等御集、北院御室集、覚綱法師集誰人不知、歌ヤサシ、寂蓮集

二十四日　所撰歌合、大和物語外題花山院御作物語、紫式部日記、秀茂集、匡衡朝臣集、道信朝臣集、道命法師集

二十八日　定為法印百首、永享石清水御法楽

九月

二日　源氏物語恋、今一巻忘却、平頼亮、沙玉集打聞、後崇光院御撰

六日　順徳院御製、宝治御百首、百六十余帖家集

八日　続門葉集

十二日　宝治御歌合、衣笠前内大臣集

十六日　左中将為之廿首歌

二十四日　京極関白家集、肥後集

二十六日　聖廟御詠、秋懐集宗尊宮御詠、四条宮下野詠、先公御詠、喜雲院殿御詠

三十日　匡遠宿禰、量実宿禰、兼治宿禰、周枝宿禰、晨照宿禰、小槻嗣保女相音妻云々

十月

二日　詩歌合建久元、摂政亭、後勘之、了俊今川百首、此御亭歌合、仲光卿詠草

八日　正徹詠草々根

十四日　玉吟中家隆集

二十二日　賀茂氏久集

　　二十八日　述懐御詠、寂身法師集
十一月　三日　夫木
　　十三日　青蓮院五十首、為道朝臣女歌

〔文明十六年〕
九月　十一日　若宮歌合、東師氏・常縁等歌
　　十五日　頓阿集非草庵、鏡衣尼歌、千五百番
　　二十四日　多々良政弘朝臣歌
十月　六日　万葉集（柿本詠）
　　八日　後鳥羽院御製
　　二十八日　続草庵
　　三十日　月五首御会歌弘安歟、伏見院御製
十一月　四日　時雨、落葉
　　十日　紫式部詠

次に、三条西実隆が打聞編纂のために目を通した和歌集の書名を、『実隆公記』の「別記打聞事」[27]（文明十五年七～十一月）から以下にまとめて掲載順に引用する。

宗伊詠草、後成恩寺五十首詠歌、故畠山阿波前司持純（仙空）詠草、後普光園摂政百首、福照院百首、東久世相国百首（文正撰歌百首）、為重卿百首（永和撰歌百首歟）、法印浄弁詠草、禁裏内々月次御短冊、青蓮院准后（天台座主尊応）詠草、宋雅千首、建暦内裏歌合、柳営月次御会、山城判官政行詠草、元弘二年入道弾正尹親王（邦省）

北野社奉納三百三十首、岩栖院北野法楽百首、公時卿集、在良朝臣集、道成集、賀茂成助集、道信朝臣集、いはて忍の物語、経正朝臣、長能、匡衡、為仲朝臣、藤原経衡、惟規、源兼澄、大蔵卿行宗集、範永朝臣、惟宗広言、惟成、為頼、平祐挙、藤原輔相、藤親盛、中納言雅兼、中納言成範、中納言親宗、平親清、北野社御法楽（建武三・八・廿五）、歌合（文治二・十・廿二）、九条前内府家歌合（建長八・九・十三）、内裏歌合（承久元七月）、関白内大臣（忠通公）家歌合（保安二・九・十二）、法住寺関白内大臣家歌合、三井寺歌合、内大臣忠通家歌合（元永二・七・十三）、河原院歌合（安元二・四・廿）、常磐井相国集、古六帖、隆祐朝臣集、城美濃守藤原長景集、石清水御法楽（永享九、同十一、宝徳二）、中殿御会一座（貞治六・三・廿九）、佐渡守藤原親綱（後藤）、歌合（弘長元七月七日宗尊親王家百五十番）、公順僧都集（拾藻抄）、土御門院御集、寛正四禁裏内々月次五十首、権僧正日応詠草、延文百首、尺空（為定）、右近大将道綱母集、入道贈一品尊円親王集、澄覚法親王集、重之女集、郁芳門院安芸集、小野宮関白集、前中納言資平集、四条宮主殿集、大納言宗家集、清少納言女集、海人子手良集（師氏卿集）、儀同三司通淳詠草、前参議通敏女草、儀同三司通淳女（三時知恩院比丘尼智周）、権中納言顕言卿草、源大納言入道祐紹（長賢）、権大納言雅行卿草、静覚法親王詠草、正徹詠草、玉吟集、遠島御歌合（嘉禎二・七・八）、為氏歌合、夫木和歌、故権大納言公澄卿草、恵助法親王家五十首、実任卿詠、秋夢集（後嵯峨院大納言典侍集）

『十輪院内府記』と『実隆公記』の打聞記に記されたこれらの和歌集は、古代の『万葉集』から打聞編纂当時の室町中期に至るまでのもので、勅撰・私撰和歌集や歌会・歌合等の和歌集よりもむしろ個人の私家集の方が多い。私家集には、天皇・院・親王・公家衆だけでなく、女性や下級官人、武家・武士などの和歌集も含まれている。例えば室町中期の頃と思われるものを挙げると、女性では小槻嗣保女・中院通淳女（通秀の姉智周）、下級官人では小槻晨照、武家・武士では大内政弘・東常縁、編纂の武家衆でもある二階堂政行・杉原宗伊、そのほかに正徹の和歌集もみえる。

このことから、和歌が室町期の社会において広く愛好され、作者の性別や身分に関わりなく評価される傾向にあったといえるのではないだろうか。

打聞の編纂作業は文明十五年十一月二十三日に義尚の命で一旦中断され、翌十六年年八月二十四日に再開された。その後作業は分類・撰定を中心にして進められた。十月十日には作者部類のことで姉小路基綱と二階堂政行が口論をしている。打聞編纂の作業も終わりに近づいていたと思われる十一月十六日に再び作業が延期になった。同十七年二月十八日に通秀は二階堂政行から打聞が再開されることを聞いたが、『十輪院内府記』にはその後の編纂作業に関する記事はあまりみえない。同記「打聞記」の最末にある同十八年十二月十二日条によれば、打聞は箱に納められているる。しかし、通秀は同十九年（長享元）一月四日に来訪した河内宏行に打聞が再開されると告げられたが、結局打聞は完成されないまま、義尚は長享三年（延徳元・一四八九）に近江国の陣中で病死した。

おわりに

中院通秀の日記『十輪院内府記』にみえる書籍からは、室町中期の朝廷が、平安期の『源氏物語』『江家次第』や勅撰和歌集の『古今和歌集』等の書写・校合・講読を行ない、これら貴族の古典文化を重視していたことがわかる。また、朝廷における天皇や禅僧による漢詩文等の講義は、朝廷が漢籍の学習にも力をいれていたことを示している。

通秀は天皇に『荘子』や『源氏物語』を進講し、また、将軍足利義尚の和歌の打聞の編纂では撰者を務めており、彼の日本・中国の古典に関する造詣は深かったと思われる。『十輪院内府記』の文章自体も正統な和様漢文で書かれており、漢籍からの知識による語彙も豊富な文章と思われ、通秀の学問・教養のレベルの高さがうかがわれる。

また一方、通秀は鎌倉～南北朝期に作成された絵巻物（『狭衣物語絵』『弘法大師行状絵詞』）をみせてもらっている。後土御門天皇も宮中で絵解きや絵巻物をみており、中世の絵巻物文化は公家社会に浸透していた。また、天皇は軍記物の歴史書『太平記』も読んでおり、中世文学も摂取していた。

和歌は代表的な公家文化であり、平安期以来、朝廷では歌会や歌合が盛んに催され、二一の勅撰和歌集が編纂されている。しかし室町時代には、勅撰和歌集の編纂が永享十一年（一四三九）の『新続古今和歌集』をもって最後となり、武士や連歌師など公家以外の歌人が台頭して注目されるようになった。足利義尚の打聞編纂で取り上げられた私家集には、武士などの歌人のものも含まれている。もはや和歌は公家社会以外からもすぐれた歌人を輩出するようになったが、それでも公家は、通秀や三条西実隆が打聞編纂の撰者となったことにみられるように、和歌の指導的な立場を維持していたと思われる。また、通秀が『狭衣物語』から狭衣能を作って進上したことは、公家社会の古典文化が中楽能・お伽草子などの庶民文化の土台にもなっていたことを示唆している。

室町中期の天皇・公家は、平安貴族の古典文化を尊重してその維持に努めつつも、中世文化を生み出す土台にもなり、また彼らは中世文化の摂取も怠っていなかったといえよう。

注

（1）中世後期の公家の荘園経営や地方下向・在国については、拙著『中世公家の経済と文化』（吉川弘文館、一九九八年）で考察した。

（2）高野辰之「室町時代の古学復興準備―実隆公記を読みて―」（『国語と国文学』一一―一一、一九三四年）。

（3）芳賀幸四郎「公家社会の教養と世界観―室町中期における古典主義運動の展開―」（同『東山文化の研究』河出書房、

一九四五年、『芳賀幸四郎歴史論集Ⅰ　東山文化の研究（上）』思文閣出版、一九八一年、所収）。

（4）『十輪院内府記』（史料纂集）（続群書類従完成会、一九七二年）。

（5）なるべく一般的に通用している書名を記したが、『十輪院内府記』に書かれた名称をそのまま記して（　）内に該当する書名を示した場合もある（推測した場合は「カ」を付けた）。なお『日本国語大辞典 第二版』（岩波書店、二〇〇〇～二〇〇二年）、『補訂版 国書総目録』（岩波書店、一九八九～一九九一年）、『日本古典文学大辞典』（岩波書店、一九八八年）、『国史大辞典』（吉川弘文館、一九八〇～一九九七年）、近藤春雄『中国学芸大事典』（大修館書店、一九七八年）等を参照した。

（6）米原正義『戦国武士と文芸の研究』（おうふう、一九九四年）八二～一〇六頁。

（7）前掲注（4）『十輪院内府記』（史料纂集）の「解題」。

（8）『実隆公記』文明十三年三月十・十六日条。

（9）『実隆公記』文亀三年四月二十九日条。前掲注（4）『十輪院内府記』（史料纂集）の「解題」参照。

（10）『親長卿記』文明十七年十月二十八日条。

（11）『後法興院記』文明十七年十月十九・二十八日条。

（12）『実隆公記』文明十七年十月十五日、十一月十五・十六・十七・二十・二十五日条。

（13）芳賀前掲注（3）論文。

（14）真鍋俊照「弘法大師行状絵詞の絵画化―事蹟の解釈と東寺本の成立―」（『弘法大師行状絵詞　下（続日本絵巻大成6）』中央公論社、一九八三年）。

（15）『東寺百合文書』く函、「廿一口方評定引付」応永十五年十月十七日（東京大学史料編纂所編『大日本史料　第七編之十一』一九五二年、覆刻、東京大学出版会、一九八四年、一七九頁）。

（16）『実隆公記』文亀元年六月十七日条。

（17）『伊勢物語絵巻・狭衣物語絵巻・駒競行幸絵巻・源氏物語絵巻（日本絵巻大成23）』（中央公論社、一九七九年）。

（18）吉田友之「星光寺縁起絵について」（『地蔵菩薩霊験記絵・矢田地蔵縁起絵・星光寺縁起絵（新修日本絵巻物全集29）』角川

書店、一九八〇年）、榊原悟「『星光寺縁起絵』私見」（『MUSEUM（東京国立博物館美術誌）』四二三、一九八六年）、宮島新一『日本の美術No. 247 土佐光信と土佐派の系譜』（至文堂、一九八六年）四五頁。

(19)『実隆公記』文明十九年一月二十七日、二月二十九日条。

(20)『石清水八幡宮史料叢書二 縁起・託宣・告文』（高橋啓三、石清水八幡宮社務所、一九七六年）「石清水八幡宮縁起」の「解説」。

(21)『実隆公記』文明十八年五月二十八～三十日条。

(22)『宣胤卿記』文明十三年一月十日条。

(23)『後法興院記』文明十五年六月二十一日条。

(24)『実隆公記』文明十五年二月二十四日条。

(25)『日本国語大辞典 第二版』第二巻（小学館、二〇〇一年）二九一頁。

(26)井上宗雄『中世歌壇史の研究 室町前期〔改訂新版〕』（風間書房、一九八四年）二七一～二八三頁。

(27)『実隆公記 巻九』（続群書類従完成会、一九七九年）「室町第和歌打聞記」。

第二章　三条西公条と学問―『実隆公記』にみえる学習―

一　三条西実隆と公条

三条西公条の父実隆は室町時代を代表する文化人の公家で、日記『実隆公記』は同時代の文化を知る上で欠かすことのできない史料である。

三条西家は藤原氏の閑院流三条家の庶流で、三条家から分家した正親町三条家からさらに、正親町三条公豊の弟公時が三条西を称して分家した。家格は、三条家は近衛大将を経て大臣になる清華家であったが、三条西家は近衛大将を経ない大臣家であった。実隆は公時から数えて四代目で、兄実連が一七歳で没したために家督を継いだ。実隆の次男が公条で、次男が家督を相続する嘉例が三条西家にあるとして、実隆は長男の公順ではなく次男の公条に家督を継がせた(1)。

実隆の妻、つまり公順・公条らの母は勧修寺教秀の次女である。教秀の長女房子は後土御門天皇の女官で側室でもあり、少なくとも二皇女を生んでいる。また、教秀の三女藤子は後柏原天皇の女官で、側室として後奈良天皇ら二皇子・一皇女を生んだ(2)。つまり、三条西家は実隆の妻を通して天皇家と姻戚関係にあり、公条は後奈良天皇の母方の従兄弟にあたる。このことは、実隆・公条が後土御門・後柏原・後奈良天皇に重用されたことの一因にもなっている。

『実隆公記』は、実隆が二〇～八二歳の時に書いた文明六年（一四七四）～天文五年（一五三六）の日記で、自筆原本の大部分が現在東京大学史料編纂所に所蔵され、活字化されている。(3) 実隆が四七歳の時の肖像画が朝廷絵師土佐光信に線画で描かれて残されているが（個人所蔵）(4)、その画像にみえる穏和で優しげな表情には、『実隆公記』の記述からうかがわれる人柄と共通するものがあるように感じられる。

『実隆公記』には、公条や孫の実枝などの学問の学習に関する記事が多くみえ、当時の公家の男子がどのように勉学していったのかについて知ることができる。ただし、芳賀幸四郎氏も指摘しているように(5)、読み書き・算数や和歌・物語の学習に関してはほとんど書かれておらず、公条が読み書きや和歌をいつ誰に教わったのかについては不明である。しかし、漢籍の学習については、はじめは実隆が教えた後、朝廷の学者たちが家庭教師として三条西家に来て教えたことや、禅宗寺院や朝廷で行なわれた禅僧らによる講釈を公条が聴きに行ったことなどが逐一書き留められており、公条の漢籍学習については詳しく明らかにすることができる。

公家男子の学習については、教育史の分野で平安時代を中心に考察されてきたが(6)、芳賀幸四郎氏は、室町時代の朝廷の学者らによる『文選』『三体詩』等を用いた漢詩文や儒学の四書・五経の教授などについて概括的に明らかにしている(7)。また、公条の学習に関しては、芳賀氏の室町期の書籍に関する論考(8)、宮川葉子氏の実隆の評伝などに関する研究(9)、土井哲治氏編『実隆公記書名索引』(10)が参考になる。これらの諸先学に導かれつつ、『実隆公記』等から公条の学習についてさらに詳しく追究することができる。

ここで三条西公条の経歴(11)について記しておこう。公条は文明十九年（長享元・一四八七）五月二十一日に生まれ、長享二年（一四八八）に二歳（数え年）で従五位下・侍従に叙爵、明応六年（一四九七）に一一歳で元服して右少将になり、文亀二年（一五〇二）に右中将、永正二年（一五〇五）に蔵人頭、同四年に参議となり、同七年の二四歳の時に甘露寺元長の娘と結婚、同八年に権中納言、同十八年に権大納言になり、大永六年（一五二六）に正二位、天文十年（一五四一）に内大臣、同十一年に右大臣に至り、同十三年に出家して仍覚と称し、永禄六年（一五六三）に七七歳で没した。なお、父実隆は正二位・内大臣に至り、天文六年に八三歳で没している。

公条の学問の学習には、平安時代の貴族男子にはみられなかった室町時代の特徴があると考えられる。とくに、五山の禅僧たちの学問が及ぼした影響は看過できない問題である。また、公条が学習した学問の傾向を知る上では、使用したテキストなどについて—例えば儒学書では古注か新注か—も考える必要がある。以下の節では、公条の初歩の段階における学問の学習、その後に朝廷の学者たちから教授された学習、禅宗寺院や朝廷で催された禅僧らの講釈による学習の三種類に分けて具体的に考察し、さらに、公条が三〇歳代後半以降に天皇・親王や人々に教授したことについても触れておきたい。

二　学問の初歩の段階

三条西公条が漢籍を習いはじめたのは、五歳の時の延徳三年（一四九一）と考えられる。『実隆公記』同年二月十日条には次のようにある。

千字文訓点愚本、今日沙二汰之一了、為二小生習学一也、

「小生」は若輩のことで、(12)この時、長男の公順は八歳、次男の公条は五歳であり、ここでは公条の方を指していると思われる。実隆は子供の学習のために所持本の『千字文』に訓点をほどこしている。

『千字文』は、中国で梁の周興嗣が千の異なる漢字から四字を一句として二五〇句を作り一篇の詩としたもので、現在でも書道の練習用に使われている。中世では、元亨四年（一三二四）頃の後宇多上皇遺告[13]（「大覚寺文書」）に「外教則千字文・百詠・蒙求・和漢朗詠、世俗常所充幼学也」とみえ、世俗の幼学の書として『千字文』『李嶠百廿詠』『蒙求』『和漢朗詠集』を挙げており、『千字文』は児童の必修の学習書であった。おそらく公条は、この『千字文』で漢字を習いはじめるとともに漢文にも慣れていったと思われる。

次に『実隆公記』にみえる公条の漢籍学習は、七歳の時の『古文孝経』で、父実隆から教わっている。同記明応二年（一四九三）九月一日条には、

古文孝経小生今朝終レ功、去七月廿日始而読レ之、昨日已読終、雖レ然今日吉曜間一行残レ之令二教授一了、去月十三日序終二其功一、如法早速神妙也、三十頌令レ読二習之一、

とあり、公条は七月二十日に『古文孝経』を読みはじめて八月十三日に序を読み終え、同月三十日に終了したのであるが、九月一日の方が吉日であるので、実隆は一行残しておいたという。実隆は公条の学習を「如法早速神妙也」、つまり、いつものように早く進んで感心なことだ、とほめている。公条は優秀な生徒であったらしい。

『孝経』は孔子が語る形で儒学思想が述べられている書で、孔子の弟子曾子の門人たちが作成したとされ、『古文孝経』と『今文孝経』の二種類に分けられる。『古文孝経』は孔子の旧宅から出てきた古い字体の『孝経』が元になっており、章数が『今文孝経』より多い。日本では、平安時代では『御注孝経』（唐の玄宗皇帝が『今文孝経』に注釈を加えたもの）が重視されたが、中世に『古文孝経』を家伝とした清原氏が台頭してこれを広めた[14]。

この公条の『古文孝経』学習は七歳の時であるが、実隆の兄実連も七歳の時に『古文孝経』を読書始の儀式で読みはじめている[15]。実連の場合は、文安五年（一四四八）八月十五日に朝廷学者の大外記中原康富を師匠として三条西家

で読書始の儀式を行ない、『古文孝経』の序文の一部を読んだ。なおこの時は父公保の希望で『孟子』の題辞の一部も読んでいる（『康富記』同日条）。この実連の場合から類推すると、三条西家では七歳の読書始で『古文孝経』を読むことが慣例化し、公条の『古文孝経』読書も読書始の儀式に相当するものであったと考えられる。ただし、実連の師匠は中原康富であったが、公条の場合は父実隆が師匠であった。

公条は七〜八歳の明応二年末〜同三年に『論語』を父実隆に教わっている。『実隆公記』は同二年が九月はじめまでの部分、同三年が一・二月と八月はじめしか現存していないので、公条の『論語』学習については一部分しか知ることができないが、同記にみえる記事を以下に抽出する。

明応三年一月二十六日条

（前略）抑師富朝臣雑事等談レ之、論語為レ授二小生等文字読一校二合第一・第二一二巻、今日読レ之、羞二晩飡一、数刻清談、尤有レ興、入レ夜則学而篇端令レ授二小生一了、於レ序者旧冬校合、已授二小生等一終レ功者也、

一月二十九日条

小生論語学而篇今日終レ功、

一月三十日条

小生論語里仁（為政ノ誤カ）篇令レ授レ之、

二月五日条

論語第一終レ功、八佾篇初令レ授レ之、

二月十日条

八佾篇終レ功、里仁篇始授レ之、

二月十二日条
　論語第二小生等終レ功、
二月十四日条
　今日論語第三・第四予受二師富朝臣説一、則及レ晩授二小生等一了、
二月十八日条
　論語公冶長終レ功、雍也篇始授レ之、
二月二十三日条
　論語第三終レ功、昨日・一昨日令レ教二授之一、
二月二十六日条
　小生述而篇教レ之、此間予蒙然之間閣レ之了、

実隆は、大外記中原師富に『論語』について意見・学説等を聞いた後に、公条らに教授している（一月二十六日、二月十四日条）。一月二十六日条によれば、『論語』の序は前年冬に校合してすでに子どもたちに教えたという。「小生等」とあるので、公順・公条らに教えたのであろう。『論語』は一〇巻あり、各巻に二篇ずつある。第一巻（学而・為政篇）を一月二十六日～二月五日、第二巻（八佾・里仁篇）を二月五～十二日、第三巻（公冶長・雍也篇）を十四～二十三日に教え、第四巻（述而・泰伯篇）を二十六日に教えはじめている。その後については日記が欠けているので不明である。

『論語』は、孔子とその弟子たちの言行を門人たちが編纂したもので、中国・日本で子どもたちの教科書として使われて人々に広く読まれた(16)。公条も読書始と思われる『古文孝経』のすぐ後に『論語』を読みはじめている。

ところで、儒学書の注釈書には古注と新注があり、これらの注釈書で儒学の書物が読まれていた。新注は、北宋の程顥・程頤兄弟らの影響を受けた南宋の朱子（朱熹）が、四書（『論語』『大学』『中庸』『孟子』）に新解釈の注釈を付けた四書集注（『論語集注』『孟子集注』『大学章句』『中庸章句』）を刊行し、その後も朱子らの新解釈の儒学注釈書が出され、これらは新注と呼ばれた。それに対し、それまで流布していた漢・唐代などの注釈書のことを古注という。明では新注が公認されて主流となり、日本でも五山の禅宗寺院では岐陽方秀らにより新注の儒学が採用された[17]。

ここで、公条らが実隆から教わった『論語』のテキストは古注か新注かということが問題になる。実隆は長享三年（延徳元・一四八九）六月十八日に勝仁親王から『論語集解』一〇巻を賜り、それが東洋文庫に所蔵されている。『論語集解』は魏の何晏による注の注釈書で古注である。東洋文庫所蔵『論語集解』（正平十九年〔一三六四〕の版本）第三巻には、実隆が書いた奥書が次のようにある[18]。

此一部、訪㆓大外記師富朝臣之訓説㆒幷見㆓合清家之本㆒、写㆓朱墨之点㆒、加㆓随分之琢磨㆒者也、可秘々々、（後略）

つまり、実隆はこの版本『論語集解』に、中原師富の訓説を参考にし、中原家と同じく朝廷学者の清原家の本とも校合して朱・墨で訓点を付けている。師富の説を参考にしていることは前掲の『実隆公記』明応三年二月十四日条の記述とも一致するので、この古注の版本『論語集解』が公条らのテキストに使われたと考えられる。当時の五山では新注が盛んであったが、公家社会では古注の『論語』がテキストに用いられていた。

明応四年の年には、六月に公順が東大寺の西室に入室し、七月に長女の保子が九条尚経に嫁ぎ[19]、また、実隆は十二月二十六日に公条（九歳）の帯直、次女（五歳）の深曾木、三男桂陽（三歳）の髪置・色直の儀式を行なっている。三条西家では長男・長女が家を出て公条が最年長の子になった。

実隆は同五～六年に公条に『三体詩』を教えている。『実隆公記』同五年九月八日条に、「三体詩絶句今日侍従習終㆑之、夏中予忩劇不レ令二教授一頗懈怠也」とあり、公条は『三体詩』の絶句（四句の詩）を習い終えている。そして同月九日から実隆に『三体詩』の七言八句（律詩）を習いはじめ、同六年十月二十五日に習い終えた。

『三体詩』は、南宋の周弼が唐詩のなかから七言絶句・七言律詩・五言律詩を選んで分類したもので、漢詩の初心者向け教科書であった。[20] 公条の漢詩の学習はこの一〇～一一歳の『三体詩』学習からはじまったと思われる。

明応六年十二月十五日に公条は元服して右少将になった。これまでの公条の漢籍学習は、すべて父実隆が教授している。公条は七歳で読書始に相当する『古文孝経』を読み、八歳で『論語』、一〇歳で『三体詩』の学習をしており、学問の開始がかなり早かったといえる。ほかの事例をみると、公家の山科言国は一三歳の時に読書始で『孝経』（古文か今文かは不明）を読んでおり、[21] また、将軍足利家では義持が一一歳、義政が一二歳で読書始を行なっている。[22] 公条の早くからの学問開始は、三条西家の家風や学者実隆の意向が反映されたのであろう。

三　朝廷の学者による教授

『実隆公記』によれば、三条西公条が一七～二六歳の文亀三年（一五〇三）～永正九年（一五一二）に、朝廷の学者たちが主に三条西家を訪れて公条に漢籍を教授している。この間に公条が学習した漢籍、教授した学者、学習した年月日を、学習順に示す。

『古文真宝』　菅原（五条）為学　文亀三年三月十日～
『孟子』　中原師富　文亀三年六月二日～十一月四日
『毛詩』　清原宣賢　永正元年四月五日～同二年七月四日

『文選』　菅原（高辻）章長　永正元年七月二日～同五年三月十六日
『尚書』　清原宣賢　永正二年七月九日～同三年十月十九日
『春秋左伝』　清原宣賢　永正三年十月二十四日～同九年十月九日

この菅原・中原・清原の三氏は朝廷の学者で、氏によりそれぞれ専門分野が異なる。朝廷の式部省大学寮には紀伝道・明経道・明法道・算道の博士等がおり、菅原氏は史書と詩文を専門とする紀伝道、中原・清原の二氏は儒学の明経道が専門である。[23] 公条の学習では、菅原氏の五条為学が『古文真宝』、同氏の高辻章長が『文選』を教えており、両書とも漢詩文集である。また、中原師富は儒学の四書のうち『孟子』を、清原宣賢は儒学の五経のうち『毛詩（詩経）』『尚書（書経）』『春秋左伝』の三経を教授している。最後の六年かかった『春秋左伝』を除けば、公条は一七～二一歳でこれらを学習している。

『文選』は日本に古くから伝わり平安貴族の基礎的な学習書として読まれた。公条は『文選』を高辻章長から「読書」、すなわち読み方を学んだ。この学習期間中の永正二年二月五日に、実隆は公条に『文選』に訓点を付ける作業を日課として命じている。

『古文真宝』は宋（または元）の黄堅の撰といわれ、元の至正二十六年（一三六六）の版本が日本に伝わった以降に五山で翻刻・刊行されて読まれた。公条の『古文真宝』学習については、『実隆公記』文亀三年三月十日条に「今夜当番皆参、抑古文真宝可㆑習㆓為学朝臣㆒之由仰㆓含中将朝臣㆒、今日読㆓始之㆒」とみえ、後柏原天皇の勧めによって朝廷の宿直番の時に『古文真宝』を五条為学から学んでおり、五山の影響は公家社会にも及んでいた。

儒学書については、注釈書に古注と新注があることを先述したが、中原師富と清原宣賢は古注・新注のどちらをテキストに用いて教授したのであろうか。師富の学問の傾向については明確には評されていない。しかし、宣賢の学問の傾向に関しては、足利衍述氏が新古折衷としたが[24]、和島芳男氏は宣賢著の『孟子抄』が古注に立脚しつつも新注をできるだけ取り入れようとしているとし[25]、水上雅晴氏は古注を重視していたとしている[26]。清原家に伝えられた宣賢の書写・加点奥書がある儒学書には[27]、『孟子趙注』『論語集解』『春秋経伝集解』『礼記鄭注』など古注が多いが、新注の『大学章句』『中庸章句』もあり、宣賢は古注だけでなく新注も用いていたことは確かである。

公条は『孟子』の読み方を来訪する師富に学んだ。この『孟子』のテキストについては、前節で触れたように実隆の兄実連の読書始で『古文孝経』の後に『孟子』が読まれており、『孟子』が三条西家の蔵書として存在していた可能性があるが、『実隆公記』延徳二年（一四九〇）閏八月八日条には「自二万松軒一孟子正義本五冊借預之」とあり、実隆は『孟子正義』五冊を相国寺万松軒から借りている。『孟子正義』（『孟子注疏』ともいう）は、注は後漢の趙岐による古注である。これらから考えると、公条の『孟子』学習には古注のテキストが用いられたのではないだろうか。

公条は『毛詩（詩経）』の読み方を清原宣賢に学んだ。『毛詩』については『実隆公記』文亀三年五月二十一日条に「予疏本」、九月一日条に「毛詩愚本疏」とあり、実隆は疏本を所持していた。疏は注の解釈のことで、正義の類であるので、この疏本は『毛詩正義』であると思われる。『毛詩正義』は、注は漢の毛亨・鄭玄で疏は唐の孔穎達による古注である。この実隆所持の『毛詩正義』が公条のテキストとして用いられたと考えられる。

実隆は、宣賢の公条への教授が終わりに近づいた永正二年六月十九日に、宣賢が公条の読本に訓点を加えた『毛詩』が前日に出来上がったのでその本に表紙を付けている。宣賢は実隆所持の古注の本を公条のテキストに用いて教えつつ、一方でその本に加点する作業を進めた。宣賢には著『毛詩抄』があるが、それについて足利衍述氏は古注を主としながら新注を折衷したものとしている[28]。公条にはテキストの古注にもとづきながら新注の解釈も取り入れた読み方を教授していたのではないかと思われる。

実隆はその後、永正六年三月二日に東福寺から「詩大全」を借りて翌年六月八日に返している。この「詩大全」は、明の永楽帝の勅で胡広らが撰した新注の『詩経大全』（『五経大全』のうち）のことであろう。実隆も新注の『毛詩（詩経）』には関心をもっていた。

公条は『尚書』の読み方を宣賢に教わったが、そのテキストに関する情報は『実隆公記』からは見出せない。水上氏によれば、宣賢筆の『古文尚書』（京都大学附属図書館所蔵「清家文庫」）には古注にもとづいた訓点が付けられ、また、宣賢著の『尚書聴塵（尚書抄）』では古注系版本を底本として古注だけでなく新注も多く取り入れているという。[29]これらから鑑みると、宣賢は公条の『尚書』学習には古注のテキストを使用し、古注・新注の両方を用いて教授したのではないかと思われる。

なお、実隆は宣賢の『尚書』教授が終了した翌日（永正三年十月二十日）に、宣賢に『尚書』教授の御礼として金覆輪の太刀を贈っている。朝廷の学者たちはこのような形で授業料に代わる謝礼の品を受け取っていたことを示していよう。

『春秋左伝』は『春秋左氏伝』ともいい、魯史の『春秋』の解釈書である「公羊伝」「穀梁伝」「左氏伝」のうちの「左氏伝」で、『実隆公記』にはもっぱら「左伝」とみえる。実隆は永正元年十一月三日に「左伝」を購入しており、同六年五月二日には小槻時元に「左伝愚本」を貸しているので、実隆は『春秋左伝』を所持していた。この実隆所持本の「左伝」の種類であるが、実隆は同八年四月四日に「左伝正義」を月舟寿桂に借りて宣賢にみせているので、実隆の所持本はこれに相当する『春秋左伝正義』（唐の孔穎達らによる注釈書）ではなかったことになる。

宣賢は公条に『春秋左伝』の読み方を教授した。宣賢の『春秋左伝』の解釈に関しては、水上氏は、宣賢筆の『春秋経伝集解』（西晋の杜預による注釈書）（「清家文庫」）があり、また、清原家の講義の聞書きである宣賢筆『左伝聴塵』（「清家文庫」）は『春秋左伝正義』と『左伝句読直解』（宋の林尭叟による注釈書）を基本としたもので（以上の注釈書はみな古注）、清原家は『春秋大全』（『五経大全』）等の新注の影響をほとんど受けていないという[30]。公条は『春秋左伝』を宣賢から古注で学んだと考えられる。

なお、五経のうち『礼記』と『周易（易経）』が学者たちの訪問による公条の学習にはみえない。『礼記』については、後の享禄二年（一五二九）十～十一月に公条の発起で宣賢による『礼記』曲礼篇の講釈が三条西家で行なわれており、これは公条に教授しなかったことの穴埋めの意味もあったと思われる。当時は概して『礼記』に対する関心が薄い傾向にあった[31]。また、『周易』は、五〇歳以前には読むべきではないという俗信が存在し[32]、学問好きな花園天皇でさえもその俗信を信じ、二九歳で天皇を退位するまで『周易』を読まなかった[33]。公条の学習に『周易』がみえないのも、その俗信によるものであろう。

公条は、紀伝道の菅原氏の五条為学から五山で読まれていた『古文真宝』を、同氏の高辻章長からは『文選』の読み方を学んで漢詩文について学習し、儒学については明経道の中原師富が『孟子』、清原宣賢が『毛詩』『尚書』『春秋左伝』の読み方を教えた。儒学書のテキストには古注の注釈書が使用されたが、宣賢は『毛詩』と『尚書』では新注も取り入れて教授したと考えられ、決して古注一辺倒ではなかったと思われる。

四　禅僧・学者の講釈

三条西公条は、京都五山の禅宗寺院、伏見宮家、あるいは三条西家で催される禅僧・学者らによる講釈を頻繁に聴聞しており、漢籍学習の一方法として講釈の聴聞があった。これらの聴聞はとくに二〇～二五歳（永正三年〔一五〇六〕

～同八年）の頃に多い。

『実隆公記』にみえる公条の漢籍の講釈聴聞は次の通りである。以下、講釈者[34]〔講釈した場所〕、講釈した漢籍、公条が聴聞したと思われる期間、を時の順に示す。

高辻章長〔伏見宮家〕『貞観政要』　文亀三年二月十五日～八月十九日
高辻章長〔三条西家〕『蒙求』　永正元年閏三月二十日～同二年四月二十七日
相国寺の就山永崇〔同寺〕『東坡詩』　永正三年五月三日～同五年二月九日
高辻章長〔三条西家〕『東坡詩』　永正三年五月二十八日～七月五日
伏見宮邦高親王〔同宮家〕『東坡詩』　永正三年五月十六日～七月十七日
相国寺の鸞岡瑞佐〔同寺〕『古文真宝』　永正三年八月六日～十二月二十二日
相国寺の鸞岡瑞佐〔同寺〕『文選』　永正五年三月五日～六月十七日
相国寺の景徐周麟〔同寺〕『漢書』　永正五年十月二十七日
伏見宮邦高親王〔同宮家〕『毛詩』　永正五年九月二十七日～同六年閏八月三日
建仁寺の月舟寿桂〔朝廷〕『杜詩』　永正六年四月七日～十一月二十五日
相国寺の景徐周麟〔同寺〕『毛詩』　永正七年五月四日
相国寺の慶雲院某〔同寺〕『山谷詩』　永正八年三月四日
相国寺の景甫寿陵〔同寺〕『山谷詩』　永正八年四月二十三日～五月二十一日
相国寺の茂叔集樹〔同寺〕『三体詩』　永正八年五月二十～二十一日
建仁寺の月舟寿桂〔同寺〕『史記』　永正十七年十月十二日～大永四年六月二十一日

清原宣賢〔三条西家〕『礼記』曲礼篇 享禄二年十月六日～十一月十八日

これらの講釈者には、京都五山（天竜寺・相国寺・建仁寺・東福寺・万寿寺）のうち相国寺の僧が多く、建仁寺もいる。聴聞した講釈の漢籍では漢詩文集が多い。

『東坡詩』、すなわち宋の蘇軾（蘇東坡）の詩については、公条は永正三年の年に相国寺常徳院聯輝軒の就山永崇、高辻章長、伏見宮邦高親王のそれぞれの『東坡詩』の講釈を聴聞している。

聯輝軒講尺東坡、頭中将（三条西公条）参入、（『実隆公記』永正三年五月三日条）

章長朝臣午後来臨、講二東坡第一一、是於二竹園一頭中将不レ聞之所々補闕分也、（『実隆公記』同年五月二十八日条）

頭中将参二伏見殿東坡講尺一也、（『実隆公記』同年六月十二日条）

公条は聯輝軒の就山永崇[35]の講釈を聴き、また、伏見宮邦高親王の講釈を聴き逃した箇所を来訪した高辻章長に講釈してもらっている。公条は前年の七月十九日に実隆から『東坡詩』第一を教わっており、これが『東坡詩』聴聞の契機になった可能性がある。なお、就山永崇は邦高親王の同母の弟であり、兄弟で『東坡詩』を講じていたことになる。

蘇軾の詩は、日本では南北朝期から五山の禅僧たちに愛読され、室町中期以降は五山僧らによる講釈が盛んに行なわれた[36]。公条の聴聞は五山における『東坡詩』の流行が公家社会にも波及していたことを表わしている。

また、公条は『山谷詩』について相国寺慶雲院某や同寺勝定院の景甫寿陵の講釈を聴聞している。『山谷詩』は宋の黄庭堅（黄山谷）の漢詩で、黄庭堅は蘇軾に詩を送って弟子になり、蘇軾とともに宋を代表する詩人となった。日本において五山で『山谷詩』が流行したのは室町中期になってからであったといい[37]、その影響も公家社会に及んでいる。

公条は景甫の『山谷詩』講釈を聴きに行った時に、同寺雲頂院の茂叔集樹が行なった『三体詩』の講釈も聴聞している。

相公羽林（三条西公条）向二相国寺一勝定院景甫〔陵西堂〕山谷講也、山谷講後於雲頂院茂叔三体詩絶句講同聴聞云々、経二数刻一帰来、宣賢朝臣雖レ来留守之間帰了、

（『実隆公記』永正八年四月二十三日条）

公条が相国寺に行って留守の間、清原宣賢が公条の『春秋左伝』読書のために三条西家を来訪したが帰っている。

『三体詩』については第二節でも触れたが、南宋の周弼が唐の一六七人の詩を七言絶句・七言律詩・五言律詩の三体に分類したものである。茂叔集樹の同年四月二十三日の講釈は『三体詩』第一巻の絶句体（七言絶句）の箇所であった。公条は、前述したように実隆から『三体詩』を教わっていたが、五山の茂叔の講釈には父とはまた異なった見解を期待して聴聞しに行ったと思われる。

また公条は、永正三年に相国寺常徳院万松軒の佐首座、すなわち鸞岡瑞佐（瑞佐は後に省佐に改名）の『古文真宝』と『文選』の講釈を聴聞している。両書についても公条はすでに五条為学・高辻章長から学んでおり、やはり五山の鸞岡に紀伝道の菅原氏とは違った見解を期待して聴聞に行ったのであろう。なお鸞岡は、明の正徳七年（一五一二）（日本の永正九年）に『古文真宝』等に関する疑問点について明人三人と筆談で交わした問答を『古文真宝不審』（尊経閣文庫所蔵）に書き残している。[38] 鸞岡は『古文真宝』の講釈を行なった時に抱いた疑問点を明人に尋ねたのではないだろうか。

また、公条は相国寺の宜竹軒、すなわち景徐周麟が永正五年に高辻章長の発起により同寺の方丈で行なった『漢書』の講釈を聴聞している。同七年には公条は景徐が同寺慈照院で行なった『毛詩』の講釈も聴聞した。

『毛詩』については、公条は伏見宮邦高親王が行なった講釈も聴聞している。前述の邦高親王の『東坡詩』講釈も考え合わせると、同親王は漢詩文を得意の分野としていたと考えられる。

建仁寺の月舟寿桂は、永正六年に朝廷で『杜詩』の講釈を行なった。

月舟和尚来臨、今日杜詩可レ被レ講二談之一也、仍其子細申二入御所一、午前参入、於二小御所一有二此事一、講談殊勝、

舌潤誠洗レ耳者也、叡感無レ極、批点詩端三首被レ談レ之、事了賜二一盞一云々、相公羽林相対云々、

（『実隆公記』永正六年四月七日条）

月舟は実隆の仲介で内裏の小御所において後柏原天皇等に『杜詩』三首の講釈を行ない、その滑らかな語り口に天皇も実隆も非常に感銘を受けたようである。終了後、月舟は天皇から酒盃を賜り、公条もこれに同席した。この朝廷における月舟の『杜詩』講釈は同年十一月二十五日に第一が終了した。

『杜詩』は唐の杜甫（字は子美）の漢詩で、日本では平安時代においては同じ時代の詩人白居易に比べてあまり人気がなかったが、鎌倉末期頃から五山で評価され愛読されるようになった[39]。

なお月舟は、同十七年には建仁寺一華軒で『史記』の講釈を行なっており、公条は聴聞しに行っている。

紀伝道の高辻章長[40]が行なった講釈については、先述の『東坡詩』のほかに、公条は文亀三年（一五〇三）に伏見宮家で催された『貞観政要』の講釈を聴聞した。

昼間於二伏見殿一章長朝臣講二貞観政要一〈第一、先日序終功、今日第一始也〉之由有二其沙汰一之間、公条朝臣参入令二聴聞一、

（『実隆公記』文亀三年二月十五日条）

二月十五日に章長の『貞観政要』講釈開催の知らせが三条西家に届いたので、公条は伏見宮家に聴聞に行った。二十日には実隆も聴聞に行って講釈後に章長と少々酒を酌み交わしている。

『貞観政要』は、唐の呉兢が撰した唐の太宗とその臣たちの言行録で、日本では平安時代に伝えられて以来、写本が藤原氏南家と菅原氏に伝来した。刊本は、明の成化元年（一四六五）の刊本が徳川家康の伏見版で刊行されて流布する以前は、五山でも刊行していない[41]。したがって、菅原氏である章長の『貞観政要』講釈は、菅原氏伝来の写本を用いた貴重な家学の学問の講義であった。

章長は永正元年（一五〇四）～同二年に『蒙求』の講釈を公条の発起により三条西家で行なった。

今日蒙求講尺事、依二兼日約諾一菅少納言章長朝臣来臨、以二補注一講レ之、表并序二至寧誡乳虎講之、其所作神妙也、中将以下素飡之間、為二彼発起一所二張行一也、甘露寺中納言、姉、冷等羽林、皆明寺等来、西室、桂陽等同聴聞、勧二一盞一、

（『実隆公記』永正元年閏三月二十日条）

聴衆には実隆・公条のほかに、甘露寺元長・姉小路基綱・冷泉為広・皆明寺らや、実隆の長男公順、三男桂陽もいた。『蒙求』の講釈はこれらの聴衆を得て続けられ、翌年四月二十七日に終了している。

唐の李翰の撰『蒙求』は、古人の名とその人物の特質を二字ずつの四字句にしたもので、全部で五九六句ある。これに補注を加えたのが宋の徐子光の補注本で、『蒙求』はこの補注本が中国・日本で流布した。章長も補注本で講釈を行なっている。第二節で引用した後宇多上皇遺告には幼学の教科書として『蒙求』も挙げられていたが、室町期には補注本が大人向けの教養書として読まれた。[42]

清原宣賢が『礼記』曲礼篇の講釈を享禄二年（一五二九）に公条の発起により行なったことについては前節でも触れた。

曲礼上清三位入道講尺、帥《(三条西公条)》発起也、万松以下人々来集、事了一盞、

（『実隆公記』享禄二年十月六日条）

今日曲礼講終、各聴衆令レ勧二一盞一、及レ昏帥携二一腰一黒、向二三位入道許一謝レ之云々、

（『実隆公記』同年十一月十八日条）

この三条西家における宣賢の講釈には、相国寺万松軒を嗣いだ文山貴勝（伏見宮邦高親王の子）等の人々も来て聴聞した。講釈が終了した後に公条は黒の太刀一腰を謝礼として宣賢に贈っている。

公条の講釈聴聞による漢籍の学習では、高辻章長の『貞観政要』、清原宣賢の『礼記』など朝廷学者たちの家の伝

統的な学問を学ぶとともに、他方、五山で愛好されていた宋の『東坡詩』『山谷詩』や唐の『杜詩』の漢詩などを相国寺・建仁寺の禅僧などの講釈から学んだ。このような宋詩を好む五山の嗜好傾向は、公家社会にも大きな影響を与えていた。少なくとも実隆・公条の頃は、五山僧たちと同じ嗜好傾向の漢詩文化を公家社会も共有していたことになる。また、漢詩以外の漢籍に関しては、五山においても『漢書』や『史記』を研究して講釈する禅僧がおり、公家社会にとって五山は漢籍の研究機関としても重要な存在であったといえる。

五　公条の学問教授

これまでは三条西公条の学習について漢籍を中心に考察してきたが、最後に公条が教授した書籍の学問について明らかにし、本章の結びとしたい。

公条は、父実隆から永正六年（一五〇九）に『古今和歌集』を学び（『実隆公記』同年四月十八日条）、同八年には三条西家における実隆の『源氏物語』の講釈を聴聞して学んだが（同年六月四日条等）、公条が人生の後半で教える立場になった時に教授した学問の書物は、『古今和歌集』『源氏物語』よりもむしろ漢籍の方が多い。

『実隆公記』にみえる公条の学問の教授について、教授した書籍、教授した対象者、『実隆公記』にみえる教授の期間、について以下に記す。

なお『実隆公記』の記事は天文五年（一五三六）までであるので、それ以降については取り上げていない。

『文選』の文字読み　宗賢　永正八年三月十九日
『源氏物語』　伏見宮貞敦親王　大永三年閏三月七日～同五年六月十二日

『源氏物語』　知仁親王　大永三年六月十一日〜同五年十月十七日
『蒙求』　三条西実枝　大永七年六月二十三日〜享禄三年十二月十六日
『古今和歌集』　後奈良天皇　享禄元年十一月十八日〜同二年一月二十七日〜
『十八史略』　伏見宮貞敦親王　享禄三年十一月十七日〜天文二年六月六日
『文選』の文字読み　醍醐寺三宝院義尭　享禄四年七月十九日、八月十一日
『文選』　高辻長雅　天文元年十一月十九日
『蒙求』　青蓮院尊鎮　天文元年十二月四日〜同二年五月九日〜
『源氏物語』　三条西実枝　天文二年七月二十六日

公条が二五歳の時の永正八年三月十九日に『文選』の文字読みを教えた宗賢については、詳細は不明である。『実隆公記』同日条には「文選表幷賦等宗賢習二文字読於公条卿一、有レ興」とあり、実隆からみれば若い公条が教えている光景は面白く思われたにちがいない。

『文選』は、享禄四年（一五三一）に醍醐寺三宝院の義尭（九条政基の子）に請われて第一の表の文字読みを教えている。また、天文元年（一五三二）には高辻章長の子長雅に『文選』を教えている。章長は大永五年（一五二五）に五七歳で没しており、章長から『文選』を学んでいた公条が故章長に代わって長雅に『文選』を教えたと考えられる。

大永三年に公条は伏見宮貞敦親王と、公条の従兄弟にあたる知仁親王（後の後奈良天皇）に『源氏物語』を教えはじめ、両方とも同五年に終了している。また、享禄元年には後奈良天皇に『古今和歌集』の読みを教えはじめたが、これは父実隆の代理であった。公条が天文元年に『蒙求』を教えはじめた青蓮院の尊鎮は、後奈良天皇の同母の弟である。

公条は、永正八年に生まれた子の実枝に対しては、大永七年〜享禄三年に『蒙求』を実枝に講じ、また、天文二年

には『源氏物語』を東素経の発起により実枝方で講じた。

なお、公条が享禄三年から伏見宮貞敦親王に教授した『十八史略』は、公条の学習にはみられなかった漢籍である。『十八史略』は、元の曾先之が撰した中国の太古から南宋までの歴代の歴史について叙述した史書で、日本では五山版に室町初期の覆刊本があるが、日本で流布したのは室町・戦国期以降である。(43)

これら公条が教授した書籍のうち、『文選』と『蒙求』はどちらも公条が高辻章長から学んだ書籍である。公条は父実隆からは『古今和歌集』『源氏物語』の学問を受け継いで天皇・親王に教授したが、高辻章長から学んだ『文選』『蒙求』についても、章長の没後に人々に教授している。この『古今和歌集』『源氏物語』『文選』『蒙求』等は公家社会で伝統的に学習されてきた学問であり、これらの学問を代々受け継いで伝えていくことによって、公家社会の知識体系は支え続けられていたのである。

また、『十八史略』のような新しい時代の漢籍も学問として取り上げており、公家社会の知的関心は中国から入って来た新しい書籍にも目が向けられていたといえる。

注

（1）『実隆公記』長享二年三月五日条。

（2）『本朝皇胤紹運録』（『群書類従』第五輯、系譜部、続群書類従完成会、訂正三版）、『新訂増補国史大系　尊卑分脈　第二篇』（吉川弘文館、一九八三年）八〇頁。

（3）本章では『実隆公記』巻一上～巻十三（続群書類従完成会、一九七九年）を用いる。なお正字・俗字・異体字はなるべく常用漢字に改めた。

（4）『三条西実隆画像と実隆公記』（東京大学史料編纂所、一九九六年）。
（5）芳賀幸四郎「室町時代の教育」（『芳賀幸四郎歴史論集Ⅳ 中世文化とその基盤』思文閣出版、一九八一年）。
（6）尾形裕康『日本教育通史研究』（早稲田大学出版部、一九八〇年）、竹内明編『日本教育史』（佛教大学通信教育部、一九八九年）等。
（7）芳賀前掲注（5）論文。
（8）芳賀幸四郎「公家社会の教養と世界観―室町中期における古典主義運動の展開―」（同『東山文化の研究』河出書房、一九四五年、『芳賀幸四郎歴史論集Ⅰ 東山文化の研究（上）』思文閣出版、一九八一年、所収）、同『中世禅林の学問および文学に関する研究』（日本学術振興会、一九五六年、『芳賀幸四郎歴史論集Ⅲ 中世禅林の学問および文学に関する研究』思文閣出版、一九八一年、所収）。芳賀氏は前者の論考の結語で、東山文化の荷担者として公家・禅僧・武家の三者を挙げ、古典文化の保存に専念した公家社会（保守）と舶載文化の吸収に志向した禅僧社会（進歩）の両極、両者の媒介者としての武家社会、と三者を位置付けたが、これについてはさらに詳細に再検討する必要がある。
（9）宮川葉子『三条西実隆と古典学』（風間書房、一九九五年）。
（10）土井哲治編『実隆公記書名索引』（続群書類従完成会、二〇〇〇年）。なお漢籍については近藤春雄『中国学芸大事典』（大修館書店、一九七八年）や、『新釈漢文大系』（明治書院）、『中国古典新書』（明徳出版社）、岩波文庫（岩波書店）所収の各書の解説等参照。
（11）正宗敦夫編『諸家伝 上』（自治日報社、一九六八年）三〇三～三〇四頁、『新訂増補国史大系 公卿補任 第三篇』（吉川弘文館、一九八二年）等。公条の結婚については、拙稿「嫁迎えの伊勢流武家故実の成立―三条西公条と甘露寺元長の娘―」（『歴史読本』二〇一〇年一〇月号）で考察した。
（12）『日本国語大事典 第二版』第七巻（小学館、二〇〇一年）一七三頁。
（13）竹内理三編『鎌倉遺文』第三七巻（東京堂出版、一九八八年）二八七七九号。この史料については前掲注（6）尾形著・竹内編等で引用している。

(14)『孝経』については、栗原圭介『新釈漢文大系 第35巻 孝経』(明治書院、一九九一年)「孝経解題」、加地伸行『孝経 全訳注』(講談社学術文庫、二〇〇七年)第三部一「テキスト(今文・古文)の問題」参照。
(15) 拙稿「男子の成長と儀礼」(拙著『中世の武家と公家の「家」』吉川弘文館、二〇〇七年)。
(16)『論語』については、吉川幸次郎『論語 上』(朝日選書、第四刷、二〇〇四年)「まえがき」等参照。
(17) 和島芳男『日本宋学史の研究 増補版』(吉川弘文館、一九八八年)第二編第一章「叢林の宋学」。
(18) 東京大学史料編纂所編『大日本史料 第八編之二十八』(東京大学出版会、一九六八年、覆刻一九八六年)延徳元年六月十八日条。足利衍述『鎌倉室町時代之儒教』(日本古典全集刊行会、一九三二年、復刻版、有明書房、一九七〇年)五五一頁で引用している。
(19) 子どもの人生儀礼については、拙著『日本人の生活文化〈くらし・儀式・行事〉』(吉川弘文館、二〇〇八年)第二部第二章3「七五三の源流」等で述べている。
(20) 村上哲見『新訂 中国古典選 第16巻 三体詩 上』(朝日新聞社、一九六六年)、『漢文大系 第二巻』(服部宇之吉校訂、冨山房、増補三版、一九七八年)「増註三体詩」、今泉淑夫『禅僧たちの室町時代 中世禅林ものがたり』(吉川弘文館、二〇一〇年)一一六頁。
(21)『言国卿記』明応七年四月二十八日条。拙稿前掲注(15)「男子の成長と儀礼」。
(22)『足利家官位記』。
(23)『職原抄』『百寮訓要抄』『諸家々業記』等。
(24) 足利前掲注(18)著四七七頁。
(25) 和島前掲注(17)著二〇七頁。
(26) 水上雅晴「清原宣賢の経学—古注の護持と新注の受容—」(『琉球大学教育学部紀要』七六、二〇一〇年)。
(27) 足利前掲注(18)著の附録「皇朝伝本経籍奥書集」に奥書を所載。
(28) 同右、四九九頁。水上前掲注(26)論文も同様の見解である。

(29) 水上前掲注（26）論文。
(30) 同右。
(31) 芳賀前掲注（8）「公家社会の教養と世界観」。
(32) 今泉淑夫「易の罰があたること―中世における周易学習をめぐって―」（安田元久先生退任記念論集刊行委員会編『中世日本の諸相 下巻』吉川弘文館、一九八九年）。
(33) 『花園天皇宸記』正和三年二月十日条。
(34) 五山の禅僧については、芳賀前掲『中世禅林の学問および文学に関する研究』注（8）著、今枝愛真『中世禅宗史の研究』（東京大学出版会、復刊一九八二年）、玉村竹二『五山禅僧伝記集成 新装版』（思文閣出版、二〇〇三年）等参照。
(35) 就山永崇については、朝倉尚『就山永崇・宗山等貴』（清文堂出版、一九九〇年）に詳しい。
(36) 『蘇軾 上（中国詩人選集二集第5巻）』（小川環樹注、岩波書店、一九六二年）、近藤光男『漢詩選11 蘇軾』（集英社、一九九六年）、芳賀前掲『中世禅林の学問および文学に関する研究』注（8）著二八四頁。
(37) 『黄庭堅（中国詩人選集二集第7巻）』（荒井健注、岩波書店、一九六三年）、倉田淳之助『漢詩選12 黄庭堅』（集英社、一九九七年）、芳賀前掲『中世禅林の学問および文学に関する研究』注（8）著二八八頁。
(38) 大田亨「鸞岡省佐『古文真宝不審』について―翻刻と本文解説―」（『愛媛大学教育学部紀要』五九、二〇一二年）。鸞岡瑞佐は大永三年（一五二三）に大内義興・細川高国の遣明船で細川高国の使として再び明に渡ったが、同地で両氏の争いに巻き込まれて殺された。東京大学史料編纂所編『大日本史料 第九編之二十』（東京大学出版会、一九九四年）大永三年四月三十日条、玉村前掲注（34）著七〇七頁参照。
(39) 黒川洋一「日本における杜詩」（鈴木虎雄・黒川洋一訳注『杜詩 第八冊』岩波文庫、二〇〇五年）。
(40) 高辻章長については、伊藤慎吾「戦国初期の儒者―高辻章長伝―」（同『室町戦国期の公家社会と文事』三弥井書店、二〇一二年）がある。
(41) 原田種成『貞観政要の研究』（吉川弘文館、一九六五年）、池田温「『貞観政要』の日本流伝とその影響」（同『東アジアの文化交流史』吉川弘文館、二〇〇二年）。五山版については、川瀬一馬『五山版の研究』上・下（The Antiquarian Booksellers Association of Japan　一九七〇年）を参照。

(42) 早川光三郎『新釈漢文大系 第58巻 蒙求（上）』（明治書院、一九八九年）「蒙求解説」。

(43) 川瀬前掲注（41）著二四〇・四七四頁、林秀一『新釈漢文大系 第20巻 十八史略（上）』（明治書院、一九七七年）「解説」。

第三章　女官・女房たちの学習・読書—『乳母のふみ』と『言継卿記』を中心に—

はじめに

中世の女性の学習については具体的な詳しいことはわかっていない。中世の女性の教育については、籠谷真智子氏が『乳母のふみ』等の女性の教訓書を紹介して「三従」について論じており(1)、また、お伽草子（室町時代の短編物語）の『乳母の草紙』には女性の教育・学習に関する内容もみえる(2)。しかし、中世の女性たちが実際にどのような学習を行なっていたのかについては不明確な状態にある。

その理由の一つとして、女性に関する史料自体が非常に少ないことがある。中世の史料の大部分は男性が書いたものである。平安時代・鎌倉時代前期に朝廷の女房などが書いた回想日記からは宮中の女性たちの生活について多少は知ることができるが、それでも教育・学習に関する記述は非常に少ない。理由の二つ目として、中世には女性を対象とした教科書類がほとんどみられないことが挙げられる。中国の場合、後漢の班昭の『女誡』、唐の鄭氏の『女孝経』、宋姉妹の『女論語』、明の仁孝文皇后の『内訓』、呂坤の『閨範』等があり、庶民の女性をも対象にした女子教育のための教科書が古代から作られてきている(3)。しかし日本では、江戸時代の十八世紀に「女大学」の名が付けられた教訓書などが出版されるようになったが、[4]中世ではそのような女性を対象とした教科書類がほとんど見当たらないのである。

しかし、朝廷の宮中に仕えた女官・女房や上流階級の女性たちの学習については、公家の日記にその一端が記されている場合がある。戦国期の山科言継の日記『言継卿記』には、宮中の女官・女房や知人の女性に書籍を貸したり与えたりした記事が他の日記よりは多くみられ、戦国期の貴族社会の女性たちの学習について内容の傾向などをある程度明らかにすることができる。

本章では、まず阿仏尼著とされている鎌倉中期頃の『乳母のふみ』の内容から、宮仕えする女官・女房の身につけるべき教養について検討し、その後に、『言継卿記』の記事から戦国期の後奈良天皇・正親町天皇に仕えた女官・女房衆を具体的に明らかにして、彼女ら貴族社会の女性たちが読んだ書籍の傾向などについて考察したいと思う。

一　『乳母のふみ』にみえる教養

鎌倉時代の『乳母のふみ』は、宮仕えの心構えについて「きの内侍どの」に宛てて書かれたもので、著者は『十六夜日記』の作者阿仏尼と考えられている。

阿仏[5]は、後高倉院（後堀河天皇の父）の下北面であった平度繁の娘で、後高倉院の皇女安嘉門院に女房として仕え、「越前」「右衛門佐」「四条」と称した。その後、男女の子二人を生んだ後、藤原定家の子為家の側室になった。為家は亡き妻宇都宮頼綱娘との間に子の為氏・為教がいたが、阿仏との間に定覚・為相・為守を儲け、為氏に譲った播磨国細川荘地頭職等を取り返して為相に与えた。為家の没後、細川荘地頭職の領有をめぐって為氏と為相が争い、その訴訟のために阿仏が鎌倉の幕府に下向した時の回想日記が『十六夜日記』である。結局、幕府における細川荘の裁判は、阿仏の死後の正和二年（一三一三）に為相の勝訴となった。(6) 阿仏は歌人としても活躍しており、歌集『安嘉門院四条百首』や歌論書『夜の鶴』なども残している。

『乳母のふみ』が阿仏尼の著とすれば、阿仏が安嘉門院に仕えていた時の経験にもとづいて書いたものであろう。最後に記されている宛名の「きの内侍」は、阿仏が為家に嫁ぐ以前に生んだ娘と考えられ、彼女もまた母と同じように宮仕えをする立場になり、阿仏は宮中における娘の将来を案じて執筆したと思われる。阿仏が没したのは弘安六年（一二八三）であるので『乳母のふみ』は少なくともそれ以前の成立であるが、岩佐美代子氏は「きの内侍」の年齢から成立の時期を弘長三年（一二六三）～文永元年（一二六四）頃と推定している。(7)

『乳母のふみ』には、「きの内侍」が身につけるべき技芸について述べている部分があり、具体的に五つを挙げている。原文では段落に分けられておらずわかりにくいので、以下には、内容ごとに段落に区切り、分けた段落ごとに順次掲出する。(8)

人丸・赤人があとをもたづね、むらさきしきぶが石山の浪にうかべるかげを見て、うきふねの君の法の師にあふまでこそかたくとも、月の色、花のにほひもおぼしとゞめて、むもれいふがひなき御さまならで、かまへて歌よませおはしまし候へ。歌のすがたありさまは、みなふるきに見えてくでんにしるして候へば、よく御らんじ候へ。たゞ女の歌にはこと〲しきすがた候はで、詞たがはず、いとをしきさま、うら〱とありたく候。さればとて、ゐんあるすがたにのみひきとられて、たましゐの候はぬもわろく候へば、さやうのことはなをなをふるきを御覧じ候へば、いかにも歌をばこのみて、しふにいらせ玉ひ候へ。なにのわざもこのよのたはぶれにてこそ候へ、いのちたえぬれば、みなむかしがたりにて候。うたはすべらぎの御代のつきし候まじく候へば、かしこき君にもそのあとはしられ御覧ぜられ、家々のもてあそびにもあはれなりけるわざかなと忍ばれさせ給候べきことにて候はんずれば、いかほども御このみ候へ。何事もいけるほどこそせんなれ、このよをわかれん後はいかでもと申人の候。よにひがごととおぼえ候。ほねをばうづむともなをばうづむまじと申事の候へば、いまのなげきよりもまさりて、心うかるべきこととおぼしめし候へ。

まず、和歌を詠みなさい、といっている。和歌については昔の和歌や口伝から学び、また、女の和歌には大げさな表現は不要で、詞を誤らず、可愛らしく穏やかで明るく、魂のこもった和歌が理想であり、和歌は自分の死後も後世の人々にしのばれて詠まれるものだといっている。

なお、文中では「おはしまし」「御覧じ」「おぼしめし」などの尊敬語が使われているが、これは「きの内侍」が従五位相当の内侍（掌侍）であり、筆者よりも上位の地位にあるためである。

御手などかまへて〳〵うつくしくかゝせ給ひ候へ。手のすぢは、こゝろ〳〵にこのみ、おりにしたがふことにて候へば、ともかくもさだめ申がたうおぼえ候。女の本たいにて《手》はとをかたちにて、はかなき筆のすさみも、人のほどをしはかられ、心のきはも見ゆることにて候。をきものの御づしの御さうしなど給てかゝせたまふほどにとおぼしめし候へ。まなは女のこのむまじき事にて候なれども、もじやう歌の題につけて、さるさまをしらぬほどならんは、をこがましく候。御覧じしりて筆のすさびにかゝせおはしまし候べく候。すみつき筆のながれ、よるの鶴にこまかに申げに候。御らん候へ。

「手」は書道のことで、字を美しく書きなさいという。書風はその時の心や状況次第であるので定めがたいものであるが、字からその人の人柄や心がうかがわれるという。また、真名（漢字）については、女性が好んで書くものではないが、和歌の題などが読めないとみっともないので、みて勉強して暇な時には書きなさいとしている。このことから、貴族社会の女性は一応漢字も勉強していたことがわかる。

又ゑはわざとたてたる御のうまでこそ候はずとも、人のかたちなどうつくしくかきならひて、物語ゑなど詞めづらしくつくり出てもたせおはしまし候へ。大かたゑとてもかたくならぬほどにかきならひて、御びやうぶのすみがき、しきしなどをもかゝせおはしましたらんこそよき御事にて候へども、それまでをよび候はずのことにて候。

絵については、無理に学ぶほどの技芸ではないが、人の姿や物語絵を描くことを勧めており、屏風の墨絵や色紙の絵も描ければなおさらよいという。

実際に絵を制作した宮中の女房として、平安末期に待賢門院女房土佐局と紀伊局などがいたことを秋山光和氏が指摘しており、土佐局は法金剛院の障子絵を描き、紀伊局は長門局とともに二十巻本『源氏物語絵巻』の絵の筆者であった。(9) 中世には多くの絵巻物・障屏画が描かれているが、そのなかには絵のやさしい筆使いなどから女性が描いたのではないかと思われる作品もある。中世の絵画作品の絵は男性が描いたものという先入観をもっている人がいるならば、その人はその先入観を捨てた方がよいであろう。

御ことびはなどはえたる御のうにて候ぬべければ心やすく候へども、御物ぐさげならんおりし、ねんじてそをきはめむとおぼしめし候へ。わごんもよろづのものゝねにたて候とおぼしめさずとも、ついでしてすこしならひとらせたまひ候べく候。されどそれはまねぶ人、かたきことに成ぬれば、たゞしやうのことをとりわきてあはれにおもはしきものゝねにて、五の御としよりならはしそめまいらせて候しに、ふしぎなるまで御ぎりやうさとく、いみじき人々にもをとるまじくなどほめられさせおはしまし候しに、七つにて御いままいりの夜、ゐんの御まへにてひかせおはしまし、又八の御としとおぼえ候に春宮の御びはにひきあはせまいらせなどなをあげさせ給候し御ことにて候へば、いかにもはげませたまひて上ずのなをもえんとおぼしめし候へ。

ここでは琴・琵琶の演奏を練習し、和琴も習いなさいといっている。琴と和琴の違いは、和琴は胴の上に柱（可動ブリッジ）を立てて絃を支えるが、琴は柱を用いない。後半部分では、「きの内侍」が箏の琴を五歳から習いはじめ、七歳で今参として宮中に上がった時に上皇の前で演奏し、八歳の年には皇太子の琵琶と共演したことを述べ、練習に励みなさいとしている。なお箏の琴は和琴に似ていて柱を用いる。

さるべき物がたりども、源氏おぼえさせ給はざらんはむげなることにて候。かきあつめてまいらせて候へば、ことさらかたみともおぼしめし、よくよく御覧じて、源氏をば、なんぎもくろくなどまで、こまかにさたすべき物にて候へば、おぼめかしからぬ程に御らんじあきらめ候へば、なんぎもくろくおなじくこからびつにいれてまいらせ候。古今・新古今など上下のうた、そらにみなおぼえたきことにて候。もしやおぼえさせおはしますとて、をしてす、めまいらせ候へども、よに心にいらず、ものぐさげにおぼしめして候し、かへす〴〵ほいなく候。おなじみやづかへをしてひとにたちまじり候へども、わが身のきりやうにしたがひてかしこき君にもおぼしめしゆるされ、かたへの人にも所をかる物にて候。（後略）

ここでは『源氏物語』などの物語を覚え、『古今和歌集』『新古今和歌集』などの和歌を暗記することを勧めている。「なんぎもくろく」は『源氏物語』の故事・引歌・出典等について考証した藤原定家著の『難儀抄』のことであろう。筆者は『源氏物語』と「難儀目録」を唐櫃に入れて送るといっており、それらを宮仕えの合間に読んで勉強しなさいという意味が込められている。そして、「きの内侍」がこれまで覚えることを面倒がっていたことをたしなめ、自分の器量（能力）次第では賢い主君やまわりの人々から一目置かれる存在になると記している。つまり自分の努力次第で自分に対する評価が高まるので、これらの学習に励みなさいということである。

この『乳母のふみ』では、宮仕えをする女官に必要な教養として、①和歌を詠む、②字を美しく書き、漢字も学ぶ、③絵を描く、④琴・琵琶・和琴の演奏、⑤『源氏物語』や『古今和歌集』『新古今和歌集』を覚える、の五つを挙げている。これらの技芸は文学・書道・絵画・音楽などみな芸術的な分野に属するものであり、貴族社会の女性の教養として芸術的な分野が重視されていたことがわかる。

二　戦国期の女官・女房衆と山科言継

戦国期の公家山科言継は、日記『言継卿記』(10)に、宮中の女官・女房や知人の女性たちに書籍を貸したことや書籍を書写して与えたことなどを書き留めている。言継は頻繁に宮中の勾当内侍（長橋局）の所や内侍所・台所に顔を出し、女官・女房たちに頼まれて書籍を貸したり与えたりした。それは言継が彼女らと血縁関係にあったことが大きく関係している。

言継は山科言綱の子であるが、実母は言綱の正室中御門宣胤娘ではなく、『尊卑分脈』によれば宮中の女嬬であった。『言継卿記』では北尾出雲守という人物を「予叔父也」とし(11)、北尾出雲守やその後家が言継の実母の消息を伝えているので(12)、言継の実母は北尾出雲守の姉ということになる。そして、宮中の台所に勤仕する阿茶について「薄室也、予外祖母之妹也」と記しており(13)、薄以緒の室阿茶を言継の母方の祖母の妹としている。この祖母は、言継の養母中御門宣胤娘の母には当てはまらないので、実母方の祖母である。つまり、宮中の台所の阿茶は、言継の実母の母の妹ということになる。

さらに、この阿茶と薄以緒の子である女子二人は、女官の掌侍（内侍）となり、やがて二人とも勾当内侍（長橋局）

になっている。

　宮中の女官には尚侍《ないしのかみ》・典侍《ないしのすけ》・掌侍《ないしのじょう》がおり、貴族階級（公家）の娘が補任されるが、尚侍は中世には補任されなくなった。(14) 官位は尚侍が従三位、典侍が従四位、掌侍が従五位に相当した。(15) 掌侍の第一は勾当内侍と呼ばれ、別称は長橋局である（以下、文中では長橋局の方を用いる）。戦国期の長橋局の職掌は、天皇の女房奉書の発給、天皇と廷臣との間の連絡・取次ぎ、年中行事の手配、経理出納などの実務で、(16) 天皇家の家政を支える重要な役職であった。なお、皇后（中宮）のいない中世後期ではこれらの女官たちの一部が天皇の側室にもなり、皇子や皇女を生んでいる。

　薄以緒の二女子の姉の方は天文二年（一五三三）十一月二十日に掌侍になり量子と名づけられ、掌侍任官の口宣案が出された（『言継卿記』同日条）。

（前略）今日薄女新内侍に祗候也、高倉佐兵督猶子云々、事外取乱也、名字量子、予調遣候、従㆓広橋㆒口宣案一覧、

上卿菅中納言
天文二年十一月廿日　宣旨
藤原量子
宜ㇾ為㆓掌侍㆒
蔵人頭左中弁藤原兼秀奉

　量子は高倉永家の猶子として掌侍になっているが、これは橘氏の薄家の家格が低いためであろう。高倉家からは、高倉永継の娘継子（山科言綱の叔母）などの掌侍が出ている。量子は新参なので新内侍と呼ばれている。なお、量子の前に新内侍であった下冷泉茂子は、天文元年十一月十八日に困窮により辞職している。(17)

　その後、量子は天文十一年二月十九日に新内侍から藤内侍に変わり、量子の妹好子が新内侍になった。(18) そして、同

十二年一月二十九日に姉小路済子が長橋局を辞したので、二月一日に量子が長橋局になった[19]。量子が長橋局を辞した年月日は不明であるが、弘治三年（一五五七）に後奈良天皇が没して正親町天皇の時代になると、量子は『言継卿記』には新典侍としてみえるので、後奈良天皇の死により長橋局を辞したと考えられる。

なお量子は新内侍の時に後奈良天皇の皇女安禅寺殿（普光）を生んでおり、『言継卿記』には安禅寺殿の母としてもみえる[20]。

量子の妹の好子は、天文十一年二月十九日に新内侍になった。『言継卿記』同月十六日条には「従二広橋一、薄息女新内侍妹、来十九日に内侍に祗候、其名字切之事被レ申候間調遣、四之内好子可レ然也」とあり、名は言継が挙げた四つのうち好子に決まった。そして、十九日条に、「今夜薄息女新内侍妹新参候了、掌侍好子云々、新内侍者藤内侍に被レ成候、新参新内侍云々」とあり、好子が新内侍に、姉の新内侍が藤内侍になった。好子は言継の猶子になっている[21]。なお、言継の三男鶴松は、薄以緒の子以清が弘治三年に没した後に薄家を継いで薄以継と称した。

このほかに『言継卿記』にみえる後奈良天皇の女官は、典侍の新大典侍・大典侍・新典侍・権典侍・目々典侍、伊与局などがいる。大典侍は勧修寺尚顕の娘尚子[22]、新典侍は勧修寺尹豊の娘尹子[23]、権典侍は広橋兼秀の娘国子で皇女を生んでおり[24]、目々典侍は庭田重保の娘である[25]。また、新大典侍は、おそらく正親町天皇の母である万里小路賢房娘の栄子[26]（吉徳門院）と思われる。伊与局は小槻雅久娘で、皇子の竹内門跡（曼殊院）覚恕の母である[27]。

次の正親町天皇の前期頃（永禄年間）に『言継卿記』にみえる典侍には、新大典侍・大典侍・新典侍・目々典侍がいる。新大典侍は万里小路秀房娘で誠仁親王（陽光院。後陽成天皇の父）を生み[28]、大典侍は万里小路賢房娘で皇女を生んでいる[29]。新典侍は前述したように前長橋局の量子で、目々典侍は飛鳥井雅綱娘で皇女を生んでいる[30]。掌侍の長橋局は好子である[31]。

宮中の内侍所・台所に勤仕する女房衆は女官より下級の身分で、『言継卿記』では采女・女官《にょうかん》（尚侍・典侍・掌侍の女官《にょかん》とは別の役職）・刀自・女孺などの職名でも記されている。例えば、前述した台所の阿茶（薄以緒室）は「女官阿茶」と書かれていることもある。(32) これら内侍所・台所の女房衆は、『言継卿記』によれば、天皇が替っても多くが引き続き勤めている。

内侍所の女房には、阿子（一の采女）・さい・五位・あか・女孺・茶々等がみえる。(33) このうち『言継卿記』に身元が記されているのは、さい・五位・女孺である。さいは、『言継卿記』永禄七年（一五六四）三月二十七日条に「諏方神右兵衛姉」とあり、室町幕府奉行人の諏訪俊郷（神兵衛尉）の姉と考えられる。五位は高畠与三郎（細川晴元の被官人）の室で、(34) 女孺は姉の前女孺ともども清水寺目代の円陽院宗澄の娘である。(35) また、永禄十一年には松尾社の権神主左馬助の娘（一二歳）が内侍所の刀自になっている。(36)

台所の女房衆には、阿茶・阿かか・かか・梅・たと・非司女などがいた。(37) 阿茶は前述のように薄以緒の室で、梅は滋野井公古の室であり、(38) これら下級公家の妻たちも台所の女房を務めている。

『女房の官しなの事（女房官品）』(39) には、采女・女官は「諸家の諸大夫の娘参る」、刀自・女孺は「これも侍の娘など参る」とあり、内侍所・台所の女房たちには諸大夫・侍の階級の女性たちがなるとしている。実際に戦国期の宮中においても、おおよそ諸大夫・侍階級に相当するクラスの女性たちが内侍所・台所の女房衆になっているといえそうである。

三　女官・女房と書籍

山科言継は、朝廷に参内した時には長橋局や内侍所・台所に立ち寄ることが多かった。言継は内侍所に自分の書籍を入れた唐櫃を預け置いており、そこで自身が読書をすることがあったが、[40] 女官や内侍所・台所の女房たちに頼まれて書籍を貸したり書写して与えたりすることもあった。

『言継卿記』大永七年（一五二七）一月二十六日条には、「ふしの人あなの物語、新内侍局見度之由被㆑申候間、進了」とあり、言継は新内侍局の要望によりお伽草子の『富士の人穴草子』をみせている。この新内侍は、大永五年三月十八日に新参の内侍になった下冷泉茂子である。[41]『富士の人穴草子』は、源頼家の命で富士の人穴探しが行なわれた時に、仁田忠綱が人穴に入って地獄極楽をみせられたという物語である。[42] また新内侍の茂子は、十一月十三日には「百人一首」の書写を言継に頼んでいる。

言継の母方の親戚である量子が長橋局の時には、言継は量子に時々書籍を貸した。

『言継卿記』天文十三年（一五四四）五月十四日条には、

　従㆓長橋局㆒源氏本見度由被㆑申候間、従㆓桐壺㆒至㆓夕顔㆒両冊遣了、音曲本、曲舞共同被㆑申候間、上遣了、下巻従㆓先日㆒彼方に有㆑之、

とあり、量子が『源氏物語』をみたいというので、言継は桐壺の巻から夕顔の巻までの二冊を貸し、同時に、音曲本（すなわち謡曲）と曲舞の本の上巻も貸している。量子は六月十日にこの『源氏物語』二冊を返し、若紫から葵までの巻を言継から借りた。このようにして量子は『源氏物語』を言継から順々に借り、翌年四月二十四日に篝火から藤裏葉までの巻を借りた。その後の巻については『言継卿記』には記されていないので不明である。謡曲の本も、その後量子は同十四年七月二十日、同二十年二月二十三日に言継から借りている。

また、『言継卿記』同十七年四月五日条には「自㆓長橋局㆒昨日西行絵中巻、詞計可㆓写与㆒之由有㆑之間、自㆓今朝㆒立㆑筆、七時分出来之間遣㆑之」とあり、言継は量子から絵巻物の「西行絵」中巻の詞書の書写を頼まれ、朝から書

写して夕方の七つ時（午後四時頃）に写し終えて量子に送っている。この日言継は権大納言正親町三条公兄から来るようにといわれたが、「雖レ然絵詞急之間故障了」、つまり詞書の書写のために公兄邸に行くことができなかった。この「西行絵」は、西行の生涯を描いた『西行物語』のことと思われ、徳川美術館に鎌倉時代の絵巻物一巻が所蔵されているなど、多くの絵巻物が伝存している(43)。

言継は天文二十一年三月八日に、量子が頻りに「唯識論」を借りたいというので一巻を貸し、「連々一巻宛可レ遣也」、つまり一巻ずつ量子に貸すことになった。「唯識論」は仏教の経典である。その後、言継は量子には四月十一・二十六日、五月九日に「唯識論」の二・三・四巻を貸している。『言継卿記』五月九日条には、

唯識論四巻終レ写切、大経師所へ三四之巻遣レ之、令レ切レ之、則予細工、懸二表紙一表巻調レ之了、一部首尾満足了、

とみえ、言継は量子のために「唯識論」を書写して大経師に仕立てさせ、その後に言継が細工をして表紙を付けた。

量子の妹好子にも言継は書籍を貸している。好子が新内侍の時の天文十四年二月十日に「自レ薄新内侍局借用之源氏本桐壺、帚木、一冊被レ返候了」（『言継卿記』同日条）、つまり好子が言継から借りていた『源氏物語』の桐壺と帚木の巻の一冊が返されている。姉の量子が言継から『源氏物語』の桐壺・帚木の巻を借りていたのはその前年の五月十四日～六月十日であり、好子は量子の読書・学習に啓発されて『源氏物語』を言継から借りた可能性が考えられる。

好子が長橋局の時には、言継は永禄七年（一五六四）十月二日に、好子が要望していた「法華経」一部の表紙と普門品一巻を調えて好子に貸している。

言継は宮中の内侍所と台所の女房たちにも書籍を貸した。

内侍所では、天文十一年一月二十二日に言継は「狐之絵見度由女房衆申候間、二巻借遣候了」、つまり女房たちに「狐の絵」の絵巻物をみたいといわれて二巻を貸している。この「狐の絵」は、『実隆公記』明応六年（一四九七）十月

十五日条に「一巻狐絵常徳院殿御物也、」[44]とある将軍足利義尚の旧蔵で三条西実隆所持の絵巻物のことと思われ、お伽草子の『狐の草子』と考えられる。『狐の草子』は現在、絵は土佐光信が描いたとされている室町時代の絵巻物が個人所蔵で現存する。[45]

言継は永禄九年五月二十四日に、内侍所のさいが「恵心僧都之物語双紙」一冊を一覧したいというので、東坊城益長から借りてきてさいに貸している。さいは、前述したように幕府奉行人諏訪俊郷の姉と考えられる女性である。「恵心僧都之物語双紙」はお伽草子の『恵心僧都物語』のことで、恵心（源信）の比叡山における修業とその母の物語である。写本は専想寺（大分市）（文明三年の書写奥書）、法隆寺（天文十一年）等に所蔵されており、本文が別系統の絵巻物（原本は応永八年の年記をもつ）が国会図書館・妙法院等に所蔵されている。[46]

また内侍所では、永禄十年一月二十三日に「吉田休斎之和歌双紙」をみたいというので、言継はこれを貸している。吉田休斎については詳細は不明である。

台所では、天文二十三年四月二十三日に言継はかかに頼まれてお伽草子の『精進魚類物語』一冊を書写して与えている。『精進魚類物語』は、鮭の大介鰭長ら魚鳥類と納豆太郎糸重らの精進類が合戦をする物語で、魚・鳥・野菜・乾物等のさまざまな食材の名がついた武将たちが登場するユーモラスな内容である。[47]台所のかかはおそらく食材の勉強をするためにもこの物語を借りたと考えられる。

女官の内侍（掌侍）の茂子・量子・好子が言継から借りるなどした書籍には、古典の『源氏物語』や、『西行物語絵巻』『富士の人穴草子』など物語が多いことが指摘できる。これらの物語は仮名文字が多い文体である。また、経典の「唯識論」「法華経」を借りていることからは、彼女たちの仏教への信仰がうかがわれる。さらに、当時流行していた申楽（能）の謡曲の本を量子が借りたことは、量子の申楽への強い関心を示していよう。

一方、内侍所・台所の女房たちが言継から借りた書籍は、『狐の草子』『恵心僧都物語』『精進魚類物語』など、お伽草子の物語が多い。これらのお伽草子はみな仮名文字中心の文体でわかりやすく書かれた内容の物語である。お伽草子の物語は侍階級の身分の女性たちに好まれていたと思われる。

四　夫人たちと書籍

山科言継は、朝廷の女官・女房以外にも親戚・知人の女性たちに書籍を貸したり与えたりした。そのなかで言継が親戚・知人の夫人（正室）たちに書籍を貸したりした事例から、当時の上流社会の一般的な女性の読書傾向について明らかにしてみよう。

言継は大永七年（一五二七）四月二十二日に、養母（中御門宣胤娘）の甥中御門宣綱の正室に『新古今和歌集』上巻を貸している（『言継卿記』同日条）。

　従二中御門女中一、新古今上巻被レ借候間、遣了、

宣綱はこの時は左少弁で一七歳であり、[48] その妻となればおそらく一七歳前後の年齢であろう。若い女性が和歌の学習のために『新古今和歌集』上巻を借りた可能性が考えられる。なお宣綱とその父前権大納言中御門宣秀は、翌日二十三日に駿河国に下向している。

言継は同年八月二日に、吉田兼満（神祇権大副）の母（吉田兼致室）のために『源氏物語』の幻の巻を書写した（『言継卿記』同日条）。

　東山吉田三位母に源氏まほろしの巻書写之事□□□今日出来候了、祝着之由申候也、

　彼源氏本、姉小路本之間、持て罷候て返遣了、

言継は姉小路済俊が所持している『源氏物語』の本を借りて書写し、東山の兼満母に送っている。

天文二年（一五三三）三月一日には、言継は北隣に住む柳原資定（参議・左大弁）の北向のために『伊勢物語』を校合している（『言継卿記』同日条）。

　北隣北向、伊勢物語校合之事、昨日被レ申候間、罷向一校候了、

この北向は資定の正室と思われる。戦国期では公家の正室は向き名で呼ばれていることが多い。言継はこの北向とは少し前の二月二十三日に中御門家で行なわれた月待の行事で会っているので、その時に『伊勢物語』の話が出たのかもしれない。

言継の養母の姉は今川氏親の正室寿桂尼（義元の母）で、彼女らの兄弟中御門宣秀の娘は、今川氏家臣で遠江国掛川城主の朝比奈泰能の正室になっている。この泰能正室の弟中御門宣治（宣綱の弟）と言継は、天文十四年に泰能正室のために『太平記』を仕立てた。『言継卿記』同年四月四日条に、

　中御門被レ来、水打紙被二持来一、於二此方一被レ打了、則予かり結沙二汰之一、太平記被二仕立一、中御門姉遠州守護代あさいな妻之用也、今日十二冊結了、（後略）

とあり、言継邸で宣治が水打紙を打って言継が仮結びをし、二人で『太平記』一二冊を仕立てた。その後、宣治と言継は六月六日に「中御門姉所望」の『太平記』を二冊校合し、七日に二冊、八日に一冊を校合し、九日には残りの料紙を仮結びしてみな調え終わり、九冊分を送っている。

朝比奈泰能正室が『太平記』を所望した理由については明記されていないが、今川氏親は今川了俊著『難太平記』との関連から永正十五年（一五一八）に中御門宣胤から『太平記』の今川氏関係の抜書を贈られており、氏親自身も『太

平記』の写本を所持していた[49]。これらから推察すれば、氏親の没後に正室寿桂尼が『太平記』と関わり続け、寿桂尼の姪の朝比奈泰能正室もそれに関係していたことが可能性として考えられる。

言継の養母は、天文二十二年四月九日に姉寿桂尼を頼って駿河国府中に下向し、同所に住んで「黒木」と呼ばれていた[50]。言継と中御門宣綱は、弘治二年（一五五六）九月十一日に京都を発ち、駿河国府中に下向して滞在した。そして翌年の正月を府中で過ごし、三月に掛川城に立ち寄った後、言継は伊勢国で伊勢神宮と田丸城の北畠氏を訪れて京都に帰った。

言継はこの駿河国府中滞在中に、養母黒木にお伽草子の『精進魚類物語』をみせており[51]、また、中御門宣綱正室（今川義元の姉[52]）に頼まれて音曲（謡曲）の本を貸している[53]。

以上の事例は、上流社会に属する正室たちの読書の事例であり、言継が彼女たちに貸したり与えたりした書籍には『新古今和歌集』『源氏物語』『伊勢物語』や軍記物の『太平記』、お伽草子の『精進魚類物語』、謡曲の本がある。『太平記』は今川氏と関係した少々特殊な事例と考えられ、それ以外から考察すると、『源氏物語』『伊勢物語』や『精進魚類物語』は正室たちの読書傾向として古典も含めて物語が多かったことを表わしている。このことは前節でみた女官の読書傾向と一致する。また、謡曲への関心は前節の長橋局の場合にもみられ、上流社会の女性たちが謡曲を本で読んでいたことを示している。

おわりに

鎌倉時代の教訓書『乳母のふみ』では、朝廷で宮仕えをする女官が身につけるべき教養として、和歌、字を美しく書く、琴・琵琶、『源氏物語』『古今和歌集』『新古今和歌集』の暗記を挙げており、文学・美術・音楽など芸術的な分野が重視されていた。

戦国時代の朝廷の女官・女房たちが山科言継から借りたり書写してもらったりして読んだ書籍の傾向は、貴族（公家）の娘がなる女官の内侍（掌侍）の場合は物語が多く、『源氏物語』など古典文学も含まれており、謡曲の本もある。一方、朝廷の内侍所や台所にいる女房たちは主に貴族より下の諸大夫・侍階級に相当する身分の女性たちで、彼女たちが言継から借りた書籍にはお伽草子、すなわち室町時代の短編物語が多い。また、上流階級に属する言継の親戚（中御門家）・知人の夫人（正室）たちが言継に所望した書籍は、古典の『源氏物語』『伊勢物語』やお伽草子など物語が多く、謡曲の本もあり、朝廷の女官と同じ読書傾向である。

朝廷の女官や上流階級の夫人たちが物語を好み、『源氏物語』等の古典文学も学習していたことは、教訓書『乳母のふみ』に書かれた『源氏物語』等を暗記せよという教訓が貴族社会の女性たちにある程度浸透していたためと考えられる。一方、諸大夫・侍クラスの身分の女房たちの場合は、室町時代のお伽草子の物語を好んで読んだことが傾向としてみられ、貴族階級の女性とは読書の傾向がやや異なることが指摘できよう。

注

（1）籠谷真智子「中世の教訓とその展開」（『講座　日本教育史』編集委員会編『講座　日本教育史　第一巻　原始・古代／中世』第一法規出版、一九八四年）。

（2）総合女性史研究会編『史料にみる日本女性の歩み』（吉川弘文館、二〇〇〇年）Ⅱ中世六のコラム「教育と理想像」（西村汎子執筆）。

（3）熊賢君『中国女子教育史』（山西教育出版社〔山西省太原市〕、二〇〇六年）、崔淑芬『中国女子教育史―古代から一九四八年まで―』（中国書店、二〇〇七年）参照。
（4）石川松太郎編『女大学集（東洋文庫302）』（平凡社、一九七七年）参照。
（5）阿仏尼については、田渕句美子『阿仏尼』（人物叢書 新装版、吉川弘文館、二〇〇九年）等参照。
（6）竹内理三編『鎌倉遺文』第三二巻（東京堂出版、一九八七年）二四九二八号、正和二年七月二十日関東下知状。
（7）岩佐美代子「『十六夜日記』考察と翻刻」の一「『乳母のふみ』考」（同『宮廷女流文学読解考 中世編』笠間叢書、笠間書院、一九九九年）。
（8）『群書類従』第二七輯、雑部（訂正三版、続群書類従完成会）。
（9）秋山光和「院政期における女房の絵画製作―土佐の局と紀伊の局―」（同『日本絵巻物の研究 上』中央公論美術出版、二〇〇〇年、初出一九七九年）。秋山氏は紀伊局を藤原通憲（信西）妻で後白河上皇の乳母の紀伊局と推定している。
（10）『新訂増補 言継卿記』（続群書類従完成会）第一・二・五・六（一九六五～一九七二年）、『言継卿記』第三・四（一九九八年）を使用。『言継卿記』については、奥野高広『言継卿記―転換期の貴族生活―』（国民生活記録叢書24、高桐書院、一九四七年）、今谷明『言継卿記 公家社会と町衆文化の接点』（日記・記録による日本歴史叢書 古代・中世編23、そしえて、一九八〇年）等参照。拙著『中世公家の経済と文化』（吉川弘文館、一九九八年）では、山科家の所領経営と同家の家業である天皇の御服調進について、言継の時代も含めて考察している。また、同時代の史料として、東京大学史料編纂所編『大日本古記録 二水記』一～四（岩波書店、一九八九～一九九七年）、同編『大日本古記録 後法成寺関白記』一～四（岩波書店、二〇〇一～二〇一一年）を参照。
（11）『言継卿記』天文二十三年一月七日条。
（12）『言継卿記』永禄元年閏六月二十日、同八年七月四日条等。なお言継は天文元年一月三十日に実母（「母にて候者」）に会っている。
（13）『言継卿記』天文二十三年五月十五日条。

（14）『禁秘抄』『女房の官しなの事（女房官品）』。
（15）『拾芥抄』中、第六「女官位部」。
（16）脇田晴子『日本中世女性史の研究―性別役割分担と母性・家政・性愛―』（東京大学出版会、一九九二年）第3章「中世女性の役割分担―勾当内侍・販女・勧進比丘尼―」。
（17）『二水記』天文元年十一月十八日条。
（18）『言継卿記』天文十一年二月十六・十九日条。
（19）『御湯殿上日記』天文十二年一月二十九日、二月一日条。
（20）『言継卿記』弘治元年一月十三日条、永禄元年八月四日条。安禅寺に入寺した皇女・王女については、拙稿「中世後期―天皇家と比丘尼御所」（服藤早苗編著『歴史のなかの皇女たち』小学館、二〇〇二年）で考察した。量子の生んだ姫宮は天文十年十二月十八日に安禅寺に入寺している（『御湯殿上日記』同日条）。
（21）『言継卿記』弘治二年一月六日条。
（22）『新訂増補国史大系　尊卑分脈　第二篇』（吉川弘文館、一九八三年）八一頁、『言継卿記』弘治元年一月十五日条。
（23）同右『新訂増補国史大系　尊卑分脈　第二篇』八一頁、『言継卿記』天文十八年十一月九日条。
（24）同右『新訂増補国史大系　尊卑分脈　第二篇』二六三頁、『本朝皇胤紹運録』（『群書類従』第五輯、系譜部）、『言継卿記』天文十六年一月六日条。
（25）『言継卿記』天文十九年十二月二十六日条。
（26）注（24）『本朝皇胤紹運録』、『系図纂要　第一冊』（名著出版、一九七三年）四四七頁。
（27）同右『本朝皇胤紹運録』、『言継卿記』永禄元年七月十二日条、同十三年七月十二日条。
（28）同右『本朝皇胤紹運録』、前掲『系図纂要　第一冊』（注（26））四四八頁、『言継卿記』永禄九年五月六日条。
（29）同右『本朝皇胤紹運録』、同右『系図纂要　第一冊』四四八頁。
（30）同右『本朝皇胤紹運録』、同右『系図纂要　第一冊』四四八頁、『言継卿記』永禄七年十二月二十二日条。

(31)『言継卿記』永禄十二年一月十四日条等。
(32)『言継卿記』永禄十年六月七日条、同十二年一月十四日条。女官については、浅井虎夫（所京子校訂）『新訂女官通解』（講談社学術文庫、一九八五年）後編第四章第七節「女官」参照。
(33)『言継卿記』天文十七年一月二十二日条、同十九年一月二日条等。
(34)同右、天文十七年一月十四日、三月十日条。
(35)同右、天文十五年二月二十一日条。
(36)同右、永禄十一年八月十九日条。
(37)同右、天文十九年一月一日、永禄十年六月七日条等。
(38)同右、永禄七年一月七日条。
(39)『群書類従』第五輯、官職部（訂正三版、続群書類従完成会）。
(40)『言継卿記』天文十一年一月二十二日、同二十二年五月八日、同二十三年四月十六日、五月二十六日条等。
(41)『二水記』大永五年三月十八日条。
(42)横山重・松本隆信編『室町時代物語大成』第十一（角川書店、一九八三年）。
(43)『日本絵巻大成26　西行物語絵巻』（中央公論社、一九七九年）。
(44)『実隆公記　巻三下』（続群書類従完成会、一九八〇年）。
(45)横山重・松本隆信編『室町時代物語大成』第四（角川書店、一九七六年）。
(46)横山重・松本隆信編『室町時代物語大成』第三（角川書店、一九七五年）、徳田和夫編『お伽草子事典』（東京堂出版、二〇〇三年）一七七頁「恵心僧都物語」の項（浅見和彦執筆）。
(47)横山重・松本隆信編『室町時代物語大成』第七（角川書店、一九七九年）。
(48)『弁官補任』大永七年、宣綱の項。
(49)米原正義『戦国武士と文芸の研究』（おうふう、一九九四年、初版は一九七六年）八三九～八四一頁。なお、寿桂尼については久保田昌希「寿桂尼の生涯と今川氏」(同『戦国大名今川氏と領国支配』吉川弘文館、二〇〇五年)で詳しく考察している。

(50)『言継卿記』弘治二年九月二十六日条。寿桂尼を黒木の姉とするのは『言継卿記』弘治三年一月三日条による。『尊卑分脈』では黒木の方が姉になっている。

(51)『言継卿記』弘治二年十一月五日条。

(52)同右、弘治二年十一月二十八日条。なお小和田哲男「女戦国大名―寿桂尼―」(同編著『戦国の女性たち』河出書房新社、二〇〇五年)では、宣綱正室の母は寿桂尼か否かはわからないとしている。

(53)同右、弘治三年一月二十七日条。

第Ⅳ部 絵巻物・お伽草子と学習

第一章　後花園天皇の学習と絵巻物愛好――伏見宮貞成親王の『看聞日記』から――

はじめに

現代において日本の漫画・アニメは世界に誇る日本の代表的な文化であり、国内外の多くの人々に愛好されている。この日本が誇る漫画文化は、元をたどれば中世の絵巻物にその源を見出すことができる。絵巻物では、物語の詞書の合間に絵が挿入されているが、絵の豊かな表現力には詞書よりも絵の方が主役であるイメージさえ感じられ、また、なかには人物の台詞が絵のなかに書き込まれている作品もあり漫画の先駆を思わせる。

絵巻物は天皇家の人々にも愛好・賞翫された。よく知られているのは後白河上皇の絵巻物蒐集である。同上皇は御所法住寺殿の隣に蓮華王院（本堂は三十三間堂）を建立して宝蔵を建て、ここに多くの絵巻物を秘蔵した。現存の『年中行事絵巻』の祖本は、後白河上皇が制作させてこの宝蔵に収蔵したものである(1)。また、鎌倉時代末期の花園天皇は実際に絵を好んで描いており(2)、伏見宮貞成親王（後崇光院）が「花園院御絵抜群御事也」と日記『看聞日記』に記しているように(3)、絵の達者な描き手であった。

このように、天皇のなかには絵巻物を愛好し、さらには絵を描くことを好んだ天皇が存在した。室町時代では、『看聞日記』によれば貞成自身も絵巻物の愛好者であったが、その子後花園天皇は絵巻物の賞翫にとどまらず自ら絵巻物を描き写している。

『看聞日記』には、貞成が若い後花園天皇に教訓書・物語・説話集・和歌書等を送り、絵巻物を貞成と後花園の間で相互に貸借する記事が散見する。朝廷では侍読の学者たちが天皇に中国の史書・儒学書等について教授した[4]が、彼らが教授しない日本古典文学の分野を父貞成が補完して学習させる役割を担っていたと思われる。また、室町幕府将軍足利義教は後花園天皇に多くの絵巻物を送り届けている。これら後花園天皇が学習・読書をした和書の傾向について考察してその学習の一端を明らかにするとともに、天皇の絵巻物愛好についてその理由と意義を考えてみたい。

一　後花園天皇の和書学習

南北朝時代に、崇光天皇の後の天皇位が弟の後光厳天皇の系統に継がれ、崇光天皇の皇子栄仁親王は伏見宮家を設立した。しかし、後光厳の曾孫の称光天皇に皇子がおらず、称光の弟小川宮も若くして没したため、伏見宮貞成親王の長男彦仁が後小松上皇（称光の父）の猶子となって称光の次の天皇になった。すなわち後花園天皇である。後花園は正長元年（一四二八）七月二十八日に践祚し、翌永享元年（一四二九）十二月二十七日に一一歳（数え年）で天皇に即位した。朝廷の政治は後小松上皇が院政を行なった。

後花園の読書始の儀式は同年二月十七日に議定所で行なわれ、読書の師である侍読を少納言の清原宗業が務めて『孝経』を教授した[5]。その後、後花園の漢籍の学習については、明経道（儒学）の清原宗業・同業忠、紀伝道（史書・漢詩）の菅原氏の五条為清・東坊城益長・高辻継長が侍読として教授した[6]。

一方、後花園の実父貞成は、永享三年三月八日に後花園の要望により和書の書籍を届けて以来、頻繁に和書や絵巻物を後花園のもとに送るようになった。『看聞日記』(7)同日条には、

（前略）抑禁裏唐鏡有二叡覧一度之由被二仰下一、累代之御本十巻進レ之、始終可二進置一由申入、於二累代之物一者始終可レ進二禁裏一者也、一口物語一帖同入二見参一、

とあり、後花園は藤原茂範著の中国通史の説話集『唐鏡』を読みたいと貞成に伝えて伏見宮家所蔵本を送ってもらっており、貞成は伏見宮家に伝来した書籍は生涯後花園のもとに送り届けるとしている。「一口物語」は、内容は不明であるが絵巻物が存在する(8)。これ以来貞成は、和書の書籍に関しては、永享三年〜同十年の後花園が一三〜二〇歳の時に諸書籍を後花園のもとに届けており、絵巻物はそれ以降も送り続けている。

まず、貞成が送り届けた和書の書籍を内容で分類すれば、教訓書・歴史物語・説話集・物語・和歌集・歌論書・漢詩文に分けられると思われる。これらの書籍をこの分類に従って次に掲出し、書籍名の下に後花園に届けた年月日を記した。なお、『看聞日記』に書かれているこれらの書籍のうち、該当する書物が不明なものは、同記に書かれている書籍名を「　」でそのまま記した。

〔教訓書〕

『大槐秘抄』　永享五年四月十九日

『五常内義抄』　永享五年五月七日

『誡太子書』　永享六年三月二十四日

〔歴史物語〕

『唐鏡』　永享三年三月八日
『保元物語』　永享三年七月二十八日、同四年四月五日
『平治物語』　永享三年七月二十八日、同四年四月五日
『平家物語』　永享三年七月二十八日、同十年六月二十七日
『増鏡』　永享四年六月十七日
『水鏡』　永享五年五月三日
『太平記』　永享八年九月二十六日
［説話集］
『世継物語』　永享四年六月二十七日、七月四日
『古今著聞集』　永享五年二月二十八日、同七年十月十三日
「愚童記」（『八幡愚童記』ヵ）　永享五年五月七日
『宝物集』　永享五年五月七日
『宇治大納言物語』　永享十年十一月二十三日
［物語］
『うつほ物語』　永享三年七月二十八日
『玉藻物語』　永享五年五月七日
「史漢物語」　永享六年十一月六日
『武蔵坊弁慶物語』　永享六年十一月六日

［和歌集］
『撰集佳句部類』　永享六年三月二十九日、同七年五月十四日
『金葉和歌集』　永享七年九月十四日
［歌論書］
「詠歌口伝秘抄」（冷泉為秀自筆）　永享五年十月十四日
『詠歌大概』　永享五年十月十四日
『和歌十体』　永享五年十月十四日
『僻案抄』　永享五年十月十四日
『無名抄』　永享五年十月十四日
［漢詩文］
「啓蒙対初心詩学抄」　永享六年三月二十四日
［内容不明］
「一口物語」　永享三年三月八日

ここに挙げた書籍すべてが伏見宮家所蔵本というわけではない。貞成は応永二十七年（一四二〇）十一月十三日に伏見宮家所蔵の物語類の目録を作成しており(9)、三七の書物を列記しているが(10)、右に掲出した書籍のなかでこの物語目録にみえるのは、『五常内義抄』『保元物語』『平治物語』『平家物語』『増鏡』『水鏡』『太平記』『宝物集』『宇治大納言物語』『玉藻物語』「一口物語」の一一である。なお物語目録によれば、『太平記』は伏見宮家に三帖と一巻しか所

蔵されておらず、後花園は貞成に『太平記』を書写させている。

　物語目録にみえない『世継物語』と『うつほ物語』に関して、『世継物語』は永享四年六月二十七日に貞成が後花園の要望により先ず二〇帖を届け、同年七月四日に残りの二〇帖を送り届けて、同日に『うつほ物語』二二帖も送った。これについて『看聞日記』同日条に、

　内裏世継残廿帖進レ之、うつほ廿二帖同進レ之、件本鳴滝殿御本也、萩原殿御本、累代之本也、而鳴滝寺破壊之間、為二造営一被二沽却一、是ニ欲二召置一、然而計会之間、内裏へ被レ召了、仍進レ之、（後略）

とみえ、少なくとも『うつほ物語』二二帖は鳴滝殿の所蔵本であった。これによれば鳴滝殿の寺を改築する費用を捻出するために鳴滝殿本『うつほ物語』を天皇に買ってもらうという。

　鳴滝殿については、『看聞日記』応永二十五年十二月二十六日条に、貞成の兄治仁王の姫宮（七歳。智観）が入室した十地院について「十地院殿号鳴滝、萩原殿宮」とあり、仁和寺の十地院が「鳴滝」と号し、花園天皇の皇子直仁親王（萩原殿）の皇女が住持を務めていた尼寺であった[11]。つまり、右の後花園に送られた『うつほ物語』は、花園天皇の子孫の家に伝来した本である。直仁親王皇女の鳴滝殿は応永三十一年五月二十七日に六〇歳で没しており[12]、その後は智観が十地院を継いだと考えられる。

　後花園は永享三年七月二十八日には「物語双子」を読みたいと貞成に伝え、貞成は『保元物語』『平治物語』『うつほ物語』等を送った。『保元物語』は保元の乱、『平治物語』は平治の乱について書かれた鎌倉時代成立の軍記物で、文体は和漢混交文である[13]。『うつほ物語』（『宇津保物語』）は平安時代中頃の成立で宮廷・貴族社会が舞台の和文体の長編物語である[14]。これらの物語類は仮名交じりの文で、一三歳の後花園にも読みやすかったと思われる。後花園は『保元物語』『平治物語』を再び永享四年四月五日に貞成から借りている。

『増鏡』は鎌倉時代の朝廷を中心に叙述した和文体の歴史物語であり、[15] 永享四年四月三日に後花園は伏見宮家所蔵本『増鏡』を書写して送るように貞成に命じた。貞成は同月五日から書写をはじめ、六月十七日に書写を終えて三帖（上・中・下）と一帖（第四・五・七）を後花園に送っている。

同月二十七日には、後花園が『世継物語』を読みたいというので、貞成は二〇帖を送り、七月四日に残りの二〇帖を送った。『世継物語』は和文体で書かれた鎌倉時代成立の説話集である。[16]

後花園は永享五年一月三日に一五歳で元服した。なお後小松上皇は同三年三月二十四日に出家しており、同五年十月二十日に亡くなった。

同五年二月二十八日に「双子」を要望してきた後花園に、貞成は『古今著聞集』一一帖を送った。『古今著聞集』は鎌倉時代中頃成立で和漢混交文の説話集である。[17] 後花園は同七年十月十三日にも『古今著聞集』の一部を貞成から借りている。

貞成は同五年四月十九日に伏見宮家秘蔵の「九条相国伊通公奏書」一帖を後花園に送った。『看聞日記』同日条には次のようにある。

（前略）内裏ヘ九条相国伊通公奏書一帖進レ之、高倉院ニ被二書進一者也、帝王可レ有二御心得一事十七ヶ条被二書載一、秘蔵之本也、進二置之一、（後略）

この伊通奏書は藤原伊通著の『大槐秘抄』に相当する。『大槐秘抄』には、「君はよの事をきこしめさむとおぼしめすべきなり」の文で始まり、天皇が心得るべき政治的な事柄が和文体で書かれている。[18] 貞成は、元服したばかりの後花園に天皇としての心構えを認識させるためにこの書を送ったのであろう。このような教訓書として貞成は永享六年三月二十四日に、花園天皇が皇太子量仁親王（光厳天皇）に対する訓戒書として書いた『誡太子書』も後花園に送っている。

後花園は永享五年四月二十八日には即位後はじめての病気にかかり(喉の腫れ)、五月二日頃から快復しはじめた(五月六日条)。貞成は同月三日に歴史物語の『水鏡』三帖を後花園に送ったが、返されている。同月七日には双子一〇帖、すなわち「愚童記」(『八幡愚童記』と思われる)、『五常内義抄』『宝物集』『玉藻物語』を送ったが、これらもあとから返された。病み上がりの後花園にはまだ物語を読む元気がなかったと思われる。

十月十四日には後花園から貞成に和歌抄物の要求があったので、貞成は歌論書の「詠歌口伝秘抄」(冷泉為秀自筆で伏見宮家秘蔵という)、『詠歌大概』、「和歌十体抄」(栄仁親王筆)(藤原定家著『和歌十体』と考えられる)、『僻案抄』『無名抄』の五帖を届けた。『詠歌大概』『僻案抄』は藤原定家著、『無名抄』は鴨長明著である。翌永享六年三月二十九日にも後花園から和歌抄物の要望があったので、貞成は「撰集佳句」三帙(二九帖で少々欠本あり)を送った。この「撰集佳句」は、鎌倉時代成立の類題和歌集『撰集佳句部類』と考えられる。この時に欠けていた本は貞成が後花園から書写を命じられて、翌年五月十四日に書写した分の一巻を送っている。永享七年六月八日には後花園から貞成に勅撰和歌集の『金葉和歌集』書写の命が来たので、貞成は九月十四日に書写を終えて送った。これらから鑑みると、後花園は一五歳頃から和歌の学習を本格的にはじめている。

同六年十一月六日には後花園から物語の要求があったので、貞成は「史漢物語」六巻と『武蔵坊弁慶物語』二巻を送った。「史漢物語」については内容不明であるが、『武蔵坊弁慶物語』は『弁慶物語』ともいい、弁慶が主人公のお伽草子(室町時代の短編物語)の物語である。両者とも単位が「巻」であるので、絵巻物の可能性がある。

同八年四月六・二十八日に後花園は朝廷所持の『太平記』を貞成に貸し、五月十二日には『太平記』の一部の書写を貞成に命じて料紙を与えた。貞成は人々に分担させて書写を行ない、表紙を付けて九月二十六日に二九帖を調進している。『太平記』のどの部分であるかは不明であるが、後花園は自分の手元に置く分が欲しかったと思われる。

同十年十一月二十三日には後花園からの要望で貞成は『宇治大納言物語』七帖を送っている。平安後期頃成立のこの説話集は現在では伝存していない。

なお、貞成が後花園のために送った書籍のなかに『源氏物語』が含まれていないが、『源氏物語』は朝廷が五四帖を所持しており、貞成はこの朝廷本『源氏物語』五四帖を一時期預かっている[19]。後花園はこの朝廷本『源氏物語』を閲覧していたと思われ、貞成が送る必要はなかった。また、朝廷には『続古今和歌集』もあり、貞成はこの朝廷本を借りて写させている[20]。

後花園天皇は一三～二〇歳の時には、父貞成に要求して物語・歴史物語・説話集・和歌書等の書物を送ってもらい読書・学習をした。これらの書物は和文や和漢混交文の文体で、若年の後花園にも読みやすい文体で書かれている。貞成は、後花園が元服した一五歳の時に書き贈った著書『椿葉記』のなかで、『万葉集』『古今和歌集』等の和歌集、『源氏物語』『伊勢物語』等やこれらの抄物をみることを勧めている[21]。後花園の学習は、漢籍については朝廷の学者たちが教授する一方で、和書の学習に関しては父貞成からの書籍の送進にも支えられていたといえる。

二　後花園天皇の絵巻物閲覧

貞成親王と後花園天皇の父子は絵巻物を非常に好み、『看聞日記』には二人の間で絵巻物の貸借を相互に行なっていたことがみえる。後花園がみた絵巻物には、伏見宮家所蔵のほかに諸社寺や他家の所蔵のもの、将軍足利義教から進覧されたものなどがあり、当時は多くのすぐれた絵巻物の作品が存在して諸権門に所蔵されていたことがわかる。

『看聞日記』にみえる後花園が閲覧した絵巻物を、貞成が後花園に進覧した絵巻物と、後花園が貞成に貸し出した絵巻物に分け、記されている名称で掲出する。〈　〉内は記されている別名で、作品名の下には、『看聞日記』の記事にみえる情報として、〔　〕内に所蔵・出所に関する情報、その下には原則的に貸し送った年月日を記し、その後の（　）内に奥書・筆者に関する情報を付けた。

［貞成親王が後花園天皇に進覧した絵巻物］

「十二年合戦絵」五巻〔勧修寺所蔵〕永享三年三月二十三日
「後三年合戦絵」六巻〔勧修寺所蔵〕永享三年三月二十三日
「弥益大領絵〈勧修寺縁起〉」三巻〔勧修寺所蔵〕永享三年三月二十三日
「摂州勝尾寺縁起絵」四巻〔法安寺西坊所蔵〕永享三年六月三日
「八幡縁起絵」二巻 永享三年七月一日、同七年七月八日（詞は後小松天皇筆）
「宝篋印陀羅尼絵」一巻 永享三年七月一日
「唐使図」一巻 永享四年六月一日
「御賀絵」一巻 永享四年六月一日
「粉河観音絵」一巻〔宝蔵〕永享六年三月二十四日
「書写上人絵」一巻〔宝蔵〕永享六年三月二十四日
「犬頭糸絵」一巻〔宝蔵〕永享六年三月二十四日
「源氏絵」二巻 永享九年一月二十七日

「足引絵」五巻〔比叡山延暦寺所蔵〕永享九年二月二十五日返却、同十年五月二十八日
（絵は粟田口隆光、詞書は尭仁法親王・足利義持・清水谷実秋等、銘は後小松天皇）
「東大寺絵」一巻〔法輪院所蔵〕永享十年六月十七日
「二月堂絵」一巻〔法輪院所蔵〕永享十年六月十七日
「児才芸絵」二巻〔法輪院所蔵〕永享十年六月十七日
「法然上人絵」四巻〔三時知恩寺所蔵〕永享十年六月二十五日（花山院持忠の絵）
「山臥綱絵」永享十年八月二十六日、十月七日（彩色は土佐行広）
「彦火々出見尊絵」二巻〔若狭国松永荘新八幡宮所蔵〕嘉吉元年四月二十六日
「吉備大臣絵」一巻〔若狭国松永荘新八幡宮所蔵〕嘉吉元年四月二十六日
「伴大納言絵」一巻〔若狭国松永荘新八幡宮所蔵〕嘉吉元年四月二十六日（巨勢金岡筆）
「六道絵」一一巻〔西園寺家所蔵〕嘉吉元年六月十七日
「稲荷縁起絵」八巻〔将軍足利義勝より〕嘉吉三年四月九日
「鹿苑院殿東大寺受戒絵」五巻〔将軍足利義勝より〕嘉吉三年四月九日
「赤松円心合戦絵」一一巻〔将軍足利義勝より〕嘉吉三年四月九日
「中山法師絵」嘉吉三年十一月二十七日（彩色は窪田）

［後花園天皇が貞成親王に貸し出した絵巻物］
「七天狗絵」七巻 永享三年四月十七日

「長谷寺縁起絵」三巻 永享三年五月二日
「正安朝覲行幸絵」一巻 永享三年十一月十五日
「禁中公事等十二月」（「年中行事絵」ヵ） 一巻　永享三年十二月五日（洞院満季筆）
「弘法大師絵」一〇巻〔金剛平院所蔵〕 永享五年六月十二日
「智証大師絵」五巻〔聖護院所蔵〕 永享五年六月十二日、嘉吉元年四月五日
「太神宮法楽寺絵」五巻〔将軍足利義教より〕 永享五年六月十四日、嘉吉元年五月二十七日
「泊瀬寺縁起」三巻〔将軍足利義教より〕 永享五年六月十四日
「八坂法観寺塔縁起絵」三巻 永享五年六月十六日
「聖廟絵」六巻 永享五年六月十六日
「義湘大師絵」四巻 永享五年六月十六日
「青丘大師絵」二巻 永享五年六月十六日
「新善光寺絵」三巻 永享五年六月二十日
「玄奘三蔵絵」一二巻〔南都大乗院所蔵〕 永享五年七月三・四日、嘉吉元年四月十七日
「粉河観音縁起絵」七巻〔将軍足利義教より〕 永享六年五月二十五・二十六日、嘉吉元年五月二十六日
「行幸賀茂祭検非違使検断等絵」六巻〔仁和寺御室より〕 永享六年十月二十五日
「悪源太絵」二巻〔仁和寺御室宝蔵〕 永享六年十一月八日
「鎮西追討絵」三巻〔仁和寺御室宝蔵〕 永享六年十一月八日
「大嘗会御禊行幸絵」七巻〔甘露寺家所蔵本を天皇が買得〕 永享七年六月二十九日

（奥書に画工藤原宗茂、藤原伊行銘、仁安元年十月十六日記）
「融通念仏絵〈鞍馬毘沙門勧進融通念仏絵〉」三巻　永享九年五月十五日
「愚童記絵」永享九年六月八日（詞は後小松天皇筆）
「因果絵」五巻　永享九年八月十四日（詞は世尊寺行俊筆）
「地蔵絵」六巻　永享九年八月二十九日
「地蔵験記絵」六巻〔将軍足利義教所蔵〕永享十年六月七日（貞治六年七月上旬の奥書に外題世尊寺行忠・清書藤原業清・絵土佐行光）
「十二神絵〈畜類歌合〉」〔将軍足利義教より〕永享十年六月八日、嘉吉元年四月四日
「九郎判官義経奥州泰衡等被討伐絵」一〇巻〔将軍足利義教より〕永享十年六月八日（詞は世尊寺行忠、絵は土佐行光）
「目連尊者絵」三巻〔将軍足利義教より〕永享十年六月十日（奥書に筆者藤原光益、嘉慶二年六月日）
「和田左衛門尉平義盛絵」七巻〔将軍足利義教より〕永享十年六月十日
「平家絵」一〇巻〔将軍足利義教より〕永享十年六月十三日
「秋夜長物語絵」二巻　永享十年十一月十一日
「むくさい房絵」一巻〔将軍足利義教より〕永享十年十二月三日
「三寺談話絵」五巻〔将軍足利義教より〕嘉吉元年四月六日（絵窪田筆）
「大仏絵」二巻〔南都所蔵〕嘉吉元年四月十五日
「平家八嶋」三巻〔南都所蔵〕嘉吉元年四月十五日

「貞任宗任討伐絵」三巻　嘉吉元年五月二十七日

「諸家似絵」一巻　嘉吉三年五月二十五日（奥書に持明院殿宝蔵、伏見殿絵）

貞成は、永享三年（一四三一）三月八日に後花園の要望に応じて『唐鏡』を送ってから間もない同月二十三日に、今度は絵をみたいという後花園の要望に応え、勧修寺門跡から絵巻物一四巻を借りてこれを送った。『看聞日記』同日条には、

（前略）抑自二禁裏一絵可二尋進一之由被二仰下一、仍勧修寺門跡絵以二善首座一申出、十二年合戦絵五巻、後三年合戦絵六巻、弥益大領絵三巻勧修寺縁起、已上十四巻借給、為悦也、禁裏備二叡覧一了、

とあり、勧修寺門跡には、十九日に貞成を訪ねて来ていた勧修寺の善首座を通して頼み、「十二合戦絵」五巻・「後三年合戦絵」六巻・「弥益大領絵」（「勧修寺縁起」）三巻を貸してもらった。

「十二年合戦」は前九年合戦のことで、「十二年合戦絵」は『前九年合戦絵巻』に相当し、現在、鎌倉時代に作られた絵巻物が国立歴史民俗博物館・五島美術館（断簡）・東京国立博物館に所蔵されている。(22) また、『後三年合戦絵巻』は、東京国立博物館に南北朝時代に制作された絵巻物三巻があり、各巻末の奥書によれば、詞書は上巻が仲直、中巻が保脩、下巻が世尊寺行忠で、絵は画工の飛騨守惟久である。この『後三年合戦絵巻』については、『実隆公記』永正三年（一五〇六）十一月十二日条に、三条西実隆が朝廷で後柏原天皇から「後三年合戦絵」六巻をみせてもらった記事があり、各巻の詞書の筆者は尊円親王・三条公忠・六条有光・仲直・保脩・世尊寺行忠であった。(23) つまり、東京国立博物館所蔵の『後三年合戦絵巻』三巻はこの六巻本の後半の三巻にあたる。『看聞日記』にみえる勧修寺所蔵の『後三年合戦絵巻』六巻は、実隆が朝廷でみた六巻である可能性が高い。

現存の『前九年合戦絵巻』『後三年合戦絵巻』の画風は、鎌倉時代頃の特徴である写実的な描写のやまと絵で、武士や武具・馬などが丁寧に描かれており、芸術的にも質の高い作品である。貞成と後花園の絵巻物のやりとりには、芸術作品としてすぐれたものをみたい・みせたいという思いが両者の根底にあったためと思われる。

貞成が永享六年三月二十四日に後花園に送った絵巻物三巻は「宝蔵絵」であった。『看聞日記』同日条には、

（前略）抑禁裏詩冊事被二仰下一之間進レ之、啓蒙対初心詩学抄和漢一座誠太子書一帖花園院御作、光厳院春宮之時被遊進、御学問事也、此両三帖進之、又宝蔵絵三巻粉河観音絵・書写上人絵・犬頭糸絵入二見参一、此絵有二子細一不レ出二軒外一、雖レ然依レ召進レ之、

とみえ、貞成は、「宝蔵絵」の「粉河観音絵」「書写上人絵」「犬頭糸絵」は「不出軒外」の絵巻物であるが、後花園からの召しにより進覧するとしている。さらに、同年五月二十三日条の頭書には、

宝蔵絵五巻内裏入二見参一、雖レ不レ出二他所一、依レ仰進レ之、

とあり、「不出他所」の「宝蔵絵」の五巻を後花園からの仰せによって進覧している。この「宝蔵絵」は、「不レ出二軒外一」「不レ出二他所一」、つまり門外不出の伏見宮家秘蔵の絵巻物であった。

この「宝蔵」の意味については解釈が複数存在する。すなわち、後白河上皇が絵巻物を秘蔵した蓮華王院宝蔵を指すとする考え[24]と、宝物的存在を意味する普通名詞とする考えがある[25]。『看聞日記』には、「宝蔵」のほかの用例として「御室宝蔵」「持明院殿宝蔵」がみえ、特定の寺院等に所属する宝蔵という感が強く、『看聞日記』にみえる「宝蔵」は普通名詞ではないと思われる。他方、蓮華王院宝蔵に関することとしては、花園天皇が正和二年（一三一三）四月二十日と五月三日に伏見上皇から「蓮華王院宝蔵絵」を合計二合賜り、幼少から絵が好きであった同天皇が「万事をなげうって」みたことを日記『花園天皇宸記』に記している[26]。花園天皇の遺品は、伏見宮家が同天皇の御所萩原殿を領有した（『椿葉記』）関係から伏見宮家にも多く伝えられており[27]、花園天皇が伏見上皇から賜った蓮華王院宝蔵の絵巻物

が伏見宮家にも伝領されていたことは十分考えられる。貞成が後花園の要望により進覧した「宝蔵絵」の三巻は、伏見宮家が秘蔵する蓮華王院宝蔵旧蔵の絵巻物であったと推定したい。

なお、『看聞日記』には「宝蔵絵」の「粉河観音絵」一巻のほかに、将軍足利義教が後花園天皇に進覧した「粉河観音縁起絵」七巻もみえるが、これらと現存の『粉河寺縁起』一巻（粉河寺所蔵）との関係は明確にはわかっていない。

将軍足利義教は永享五年六月に諸方で所蔵している絵巻物を提出させて閲覧し、後花園天皇にもこれらを進覧した。また、同十年六月には、『看聞日記』同月七日条に、

抑内裏ょり地蔵験記絵一合六巻給、室町殿御絵云々、此間御不予本復御養性之間、御つれ〳〵なくさめニ絵有二御尋一、是へも奉、雖二相尋一未二出来一、室町殿へ被レ申間被レ進云々、

とあり、後花園は四日から引いた風邪が治りつつあった養生中の慰めに絵巻物を探し求め、義教から進覧されたのが義教所蔵の「地蔵験記絵」六巻であった(28)。後花園はこれを貞成にもみせ、貞成はこの絵巻物の奥書を『看聞日記』同月七日条に書き留めて「殊勝絵也」と評している。

この後花園の「地蔵験記絵」閲覧から、絵巻物が心を慰め楽しませるものとして存在していたことがわかる。貞成も、すぐれた絵巻物をみた時には、「絵覧レ之慰二徒然一」「殊勝絵也、握翫無レ極」などと『看聞日記』に記しており(29)、絵は人の心を喜ばせるものであった。

さらに、このことを制作の目的として明記しているのが、前述の『後三年合戦絵詞』の序文である。東京国立博物館所蔵『後三年合戦絵詞』には貞和三年（一三四七）に玄慧が記した序文があり、そこにはこの絵巻物制作の目的について次のように書いている(30)。

（前略）是等の来由につきて、此画図、東塔南谷の衆議として其功を終ふ。狂言戯論の端といふことなかれ。児

童幼学のこゝろをすゝめて、讃仰の窓中時々是を披て、永日閑夜の寂寞をなくさめ、家郷の望の外、より〳〵これを翫て嘲風哢月の吟詠にましへんとなり。後素精微のうるはしき丹青の花春常にとゝまり、能筆絶妙の姿、金石の銘、古にはつへからす、彼此共に益あり、老少同しく感せさらめや。于レ時貞和三年法印権大僧都玄慧、一谷の衆命に応して大綱の小序を記すといふことしかり。

玄慧はこの絵巻物の制作の目的が、家を離れて比叡山で学問をする幼い子供たちの寂しさや望郷の思いを慰めるためであり、また、絵・詞書のすばらしさには老人も年少者も同じように感動するであろう、と記している。絵巻物が子供たちの学問の合間の娯楽として機能し、また芸術作品として大人たちの賞翫の対象にもなったことを示している。同様に後花園天皇も、学問・学習や政務から離れた時の楽しみとして絵巻物に接したと思われる。

後花園が閲覧した絵巻物のなかで、作品が現存しているもの、あるいは同内容と思われる作品が現存しているものは、前述の『前九年合戦絵巻』『後三年合戦絵巻』のほかに、「足引絵」（『芦引絵』）、「法然上人絵」（『法然上人絵伝』）、「吉備大臣絵」（『吉備大臣入唐絵巻』）、「伴大納言絵」（『伴大納言絵詞』）、「長谷寺縁起絵」（『長谷寺縁起』）、「弘法大師絵」（『弘法大師行状絵巻』）、「玄奘三蔵絵」（『玄丼三蔵絵伝』）、「融通念仏絵」（『融通念仏縁起』）「十二神絵」（『十二類絵巻』）、「秋夜長物語」（『秋夜長物語絵巻』）などである（（　）内は現存の作品名）。これらの現存の作品は主に鎌倉・南北朝期頃に制作された写実的な傾向のやまと絵の画風で[31]、人物は達筆な墨線と彩色で写実的に生き生きと描かれ、建物も室内などが詳細に描写されており、技術的・芸術的にすぐれた作品が多い。貞成・後花園父子がこれらのすぐれた絵巻物の作品に夢中になったのも肯ける。

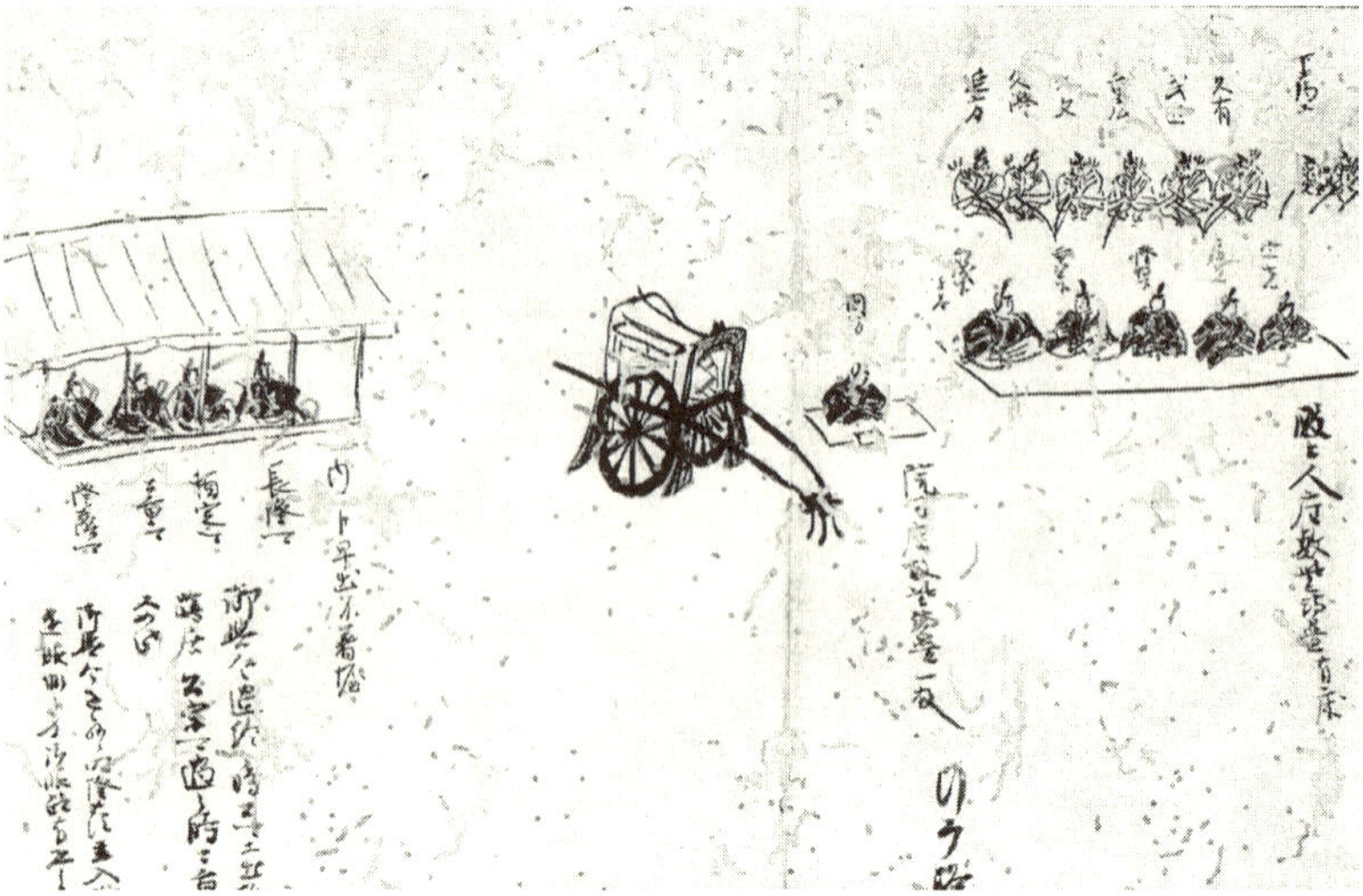

図３　『花園天皇宸記』正慶元年十月別記（宮内庁書陵部所蔵）

三　絵を描く天皇

後花園天皇は、後に詳述するように、父貞成親王が比叡山延暦寺から借りた「足引絵」五巻をさらに借りて、自ら絵を写し取っている。貞成は『看聞日記』のなかで、絵をそっくりに写した後花園をほめるとともに、花園天皇も絵がよく描けたことを記している(32)。

花園天皇が絵を描いたことは「はじめに」でも触れたが、『看聞日記』には、同天皇が絵を描いた障子（衝立や襖）が萩原殿から伏見宮家に伝わり、法事の場に用いられたことがみえる。すなわち、応永二十五年（一四一八）六月二十七日に行なった貞成の養母今出川公直室（貞成は今出川家で養育された）の二五年忌と、永享八年（一四三六）十月十五日に催された北野社御経の室内にこの障子が使われている。障子の色紙絵を花園天皇と正親町忠季が描き、絵の図柄は鶴・鶏・鵝・鴻等で、色紙の漢詩は青蓮院尊円親王筆であった。

花園天皇は、自身が絵を好んだことを日記『花園天皇宸記』

にも書いている。元亨二年（一三二二）八月二十三日条には「今日綵二色仏像等一、余自二幼年一好レ画、仍如レ此」とあり、幼少の時から絵を描くことを好んだとして、仏像等を彩色で描いている。同年十月十四日には不動尊像を墨で描いた。(33)さらに、『花園天皇宸記』正慶元年（一三三二）十月別記には、(34)同天皇が描いた光厳天皇御禊行幸の図があり、二条大路の行幸路に居並ぶ女院の車、馬、殿上人・公卿・北面・下臈、警固の武士などが達筆な墨線で描かれている（図3はその一部）。この図からは花園天皇の絵の技量がかなり高いレベルであったことがうかがえる。

貞成は、『看聞日記』によれば、永享八年六月二十五日に比叡山延暦寺から同寺所蔵の「足引絵」五巻のうち第四巻の詞書を書くことを依頼され、この絵巻物を預かった。この「足引絵」は、絵は粟田口隆光、詞書は妙法院尭仁法親王・足利義持・清水谷実秋等、銘は後小松天皇筆で、第四巻の詞書は存在するもののさしたる筆跡ではないので、貞成に書くことを依頼してきたのであった。貞成が詞書を書いた後、後花園天皇がさらにこれを借りて年を越した。『看聞日記』同九年二月二十五日条には、

（前略）抑足引絵詞難二去申一之間、染二禿筆一了、而禁裏被レ召二置絵一有二御写一勅筆、自二去年一于レ今被二召置一之間、自二山門一切々申、今日指而有二所用事一云々、仍被レ出之間、今日返遣了、五巻皆被レ写了、絵本不二相替一殊勝ニ被レ写之条、天性之御器用不可説也、花園院御絵抜群御事也、代々御絵邂逅事也、而如レ此被レ遊之条、御数奇感悦無レ極、（後略）

とあり、後花園はこの延暦寺本「足引絵」五巻のすべての絵を写し取っている。貞成は後花園が絵をそっくりに写したことを「天性の御器用」とほめて不思議がっている。

「足引絵」は「芦引絵」や「葦曳絵」とも書き、僧侶と少年の恋愛譚のお伽草子である。物語のあらすじは、学者菅原氏の子が比叡山東塔で出家をして侍従の君玄怡と名乗り、京都白河辺で奈良の民部卿得業の子で東大寺東南院の

僧都の弟子の若君を見そめて結ばれるが、得業の後妻が若君の髪を切って若君が比叡山に行くことの邪魔をする。玄怡と法師たちはこの後妻の連れ子の聟が集めた悪党らの奇襲で合戦をして勝ち、事情を知った得業は後妻とその連れ子を追放、やがて若君（少将の君）は東南院を継いで権律師となり、玄怡も比叡山の師の跡を継ぎ、やがて二人は高野山で再会して往生を遂げる、というストーリーである。稚児物語に継子いじめと合戦の話が加わり、主人公たちの行動範囲も比叡山・京都・熊野・奈良と広く、ドラマチックな物語になっている。現在「足引絵」は逸翁美術館に絵巻物五巻が所蔵されているが、これは延暦寺本の模写本で十五世紀後半成立と考えられている[35]。丁寧なやまと絵であるが、熟達した絵師が描いたものではないと思われる。

後花園は永享十年五月に、写し取った「足引絵」に彩色をしたいのでもう一度延暦寺から借りたいと貞成に伝えてきた。つまり、後花園が写したのは墨線のみであった。『看聞日記』同月二十六日条には、「抑山門足引絵事、先度以二宸筆一被二写置一了、為二採色一今一度可レ被二借召一条如何、定直執進之間可二申試一之由被二仰下一、定直ニ可レ仰之条不レ可レ有二子細一、被レ下二奉書一可二申遣一之由申入、聴女房奉書被レ下」とある。定直は、延暦寺が貞成に「足引絵」第四巻の詞書を依頼してきた時に、延暦寺からの使者を務めて「足引絵」を伏見宮家に届けた人物で、院庁官の島田（紀）定直[36]である。後花園はその定直を使者として延暦寺に頼んでみてほしいというので、貞成は後花園の意向を伝える女房奉書を発給してもらった。翌二十七日条には「早旦定直喚、則参、足引絵山門ニ可二申遣一之由仰、忩可二申試一之由申、定直舎弟山門住侶也、以前執進了、仍又令レ申」とあり、定直の弟が延暦寺の僧侶であったので、そのつてを頼りに再び仲介をしてもらった。そして五月二十八日に「足引絵」五巻を伏見宮家に届けに来た定直によれば、「一山会合、勅定之上者不レ及二子細一、入二見参一之由申云々」、つまり延暦寺で集会を開いて話し合った結果、勅定であるからにはおみせするということになったが、定直は「同者早々可レ被二返下一之由申」、早くお返ししてほしいという。貞成はすぐにこの「足引絵」を後花園に送った。

後花園はこの延暦寺本を用いて、自分が写し取った墨線の「足引絵」を薄（橘）以盛に彩色させた。『看聞日記』同年七月二十二日条に「抑足引絵第二巻採色出来、禁裏より被レ下、如レ本殊勝也、民部少輔蔵人以益父也以盛採二色之一、頗不レ恥二絵所一能筆、珍重也」とあり、貞成は以盛の彩色を朝廷の絵所の絵師にも劣らぬ能筆とほめている。薄以盛は、『公卿補任』等によれば享徳元年（一四五二）にようやく従三位に叙した下級公家で、専門の絵師ではないが、宮中では絵が達者な人物として知られていたと考えられる。後花園が自ら彩色をしなかったのは、二〇歳の彼には彩色にまだ自信がなかったためであろうか。

後花園はこの「足引絵」の紙に裏打をさせ、詞書も新たに清書を作り、第一・五巻を後花園が書き、第二巻を貞成、第三巻を世尊寺行豊、第四巻を清水谷公知に書かせた(37)。貞成が第二巻の詞書と絵を経師に切り継がせて後花園に献じたのは八月七日であった。第一巻の彩色はさらに遅れて十月二十日に出来上がっている。

なお、後花園はこれと並行して「源氏絵〈オソクツ絵〉」二巻の制作も行なって絵所の粟田口隆光に絵を描かせており、詞書は上巻を後花園、下巻を貞成が書き、貞成はこれを仕立てて十月十日に後花園に献上している(38)。

後花園天皇は、花園天皇が絵を好んで描いていたように、「足引絵」五巻の絵をすべて墨線で写し取った。後花園はおそらくこれ以前にも絵巻物の絵を写して描くことを行なっていたと思われる。絵巻物の絵は、絵を描くためにはよいお手本・教材になった。後花園も、さまざまな絵巻物を閲覧しながら絵を写し描いていたことが想像される。

おわりに

伏見宮貞成親王は、一〇歳で思いがけずも天皇になった息子の後花園天皇に、和文や和漢混交文で書かれた教訓書・歴史物語・説話集・物語・和歌書等の和書や絵巻物を送り続けてその学習を支えた。また、絵巻物に関しては、貞成も後花園も愛好者として相互に貸借し合っており、さらに後花園は、比叡山延暦寺所蔵「足引絵」五巻の絵すべてを墨線でそっくりに写し取るほどの絵の描き手であった。絵巻物は、『後三年合戦絵巻』序文で玄慧が記しているように、家を離れて寺院で学問を学ぶ幼い子供たちの心を慰め、大人にも子供にも感動を与えるものであり、貞成・後花園父子も心を慰め楽しませるものとして絵巻物を享受している。また、花園天皇が幼少の時から絵を描くことを好んでいたように、後花園も絵を好んで描いており、絵巻物はそのよい教材にもなったと思われる。

絵巻物は、物語の展開を絵で想像をふくらませながら追っていく楽しみを読者に与えてくれる。鎌倉・南北朝時代頃に制作された諸絵巻物のようなすぐれた絵の作品であれば楽しみがさらに増幅し、これらの秘蔵の作品を閲覧することが可能な高位の人々のなかに貞成・後花園父子のような愛好者を生み出した。そして、後花園が「足引絵」を延暦寺に再び提出させて模写本を作成したり「源氏絵」を制作したことにみられるように、彼らは絵巻物の制作者にもなりえたのである。

注

（1）『古今著聞集』巻一一（第一六書画）「後白河院の御時松殿基房年中行事絵に押紙の事」（『日本古典文学大系84　古今著聞集』

岩波書店、一九六九年）。小松茂美編『日本の絵巻８　年中行事絵巻』（中央公論社、一九八七年）解説「『年中行事絵巻』―成立への道―」参照。

（2）荻野三七彦「花園天皇と御絵画（下）」（『歴史と地理』二六―四、一九三〇年）、岩橋小弥太『花園天皇』（人物叢書新装版、吉川弘文館、一九九〇年）七「後素握翫」。

（3）『看聞日記』永享九年二月二十五日条。

（4）本書第Ⅱ部第一章「天皇の学問と侍読―花園天皇と後花園天皇―」で考察。

（5）『薩戒記』正長二年二月十七日条。

（6）前掲注（4）。

（7）本章では宮内庁書陵部編『圖書寮叢刊 看聞日記』一～七（明治書院、二〇〇二～二〇一四年）を用いた。なお『看聞日記』に関しては横井清『看聞御記「王者」と「衆庶」のはざまにて』（そしえて、一九七九年）等参照。

（8）『看聞日記』応永二十三年六月十三日条。

（9）宮内庁書陵部編『圖書寮叢刊 看聞日記紙背文書・別記』（養徳社、一九六五年）一四九号。

（10）物語目録の三七の書籍名を記載順に挙げると、「神代物語」「熊野物語」「続地蔵験記」「地蔵物語」「諸寺観音霊記」「泊瀬観音験記」「石山縁起絵詞」「善光寺縁起」「観喜天物語」「幻中草打尽」「十王讃嘆」「法語」「智興内供絵詞」「三愚一賢」「五常内義抄」「宝物集」「宇治大納言物語」「髭切物語」「酒天童子物語」「堀江物語」「玉藻物語」「礒松丸物語」「一口物語」「保元物語」「平治物語」「平家物語」「九郎判官物語」「承久物語」「太平記」「梅松論」「堺記」「古事談」「水鏡」「十寸鏡（増鏡）」「賤男日記〈具氏宰相中将記〉」「准后南都下向事」「散ぬ桜」である。

（11）鳴滝殿については荻野三七彦「曼殊院の東北院歌合絵巻」（『美術研究』二七、一九三四年）参照。

（12）『看聞日記』応永三十一年五月二十八日条。

（13）『新日本古典文学大系43　保元物語 平治物語 承久記』（岩波書店、一九九二年）。

（14）『うつほ物語』①～③（新編日本古典文学全集14～16）（小学館、一九九九～二〇〇二年）。

(15)『日本古典文学大系87　神皇正統記 増鏡』(岩波書店、一九六五年)。
(16)『続群書類従』第三二輯下(続群書類従完成会、訂正三版)。
(17)前掲注(1)『日本古典文学大系84　古今著聞集』。
(18)『群書類従』第二八輯(続群書類従完成会、訂正三版)。
(19)『看聞日記』永享五年七月二十四日、八月十九日条。
(20)『看聞日記』永享十年九月五日条。
(21)注(4)。『村田正志著作集 第四巻(證註椿葉記)』(思文閣出版、一九八四年)参照。
(22)村重寧「合戦絵巻—前九年合戦絵詞・平治物語絵巻・結城合戦絵詞について—」(小松茂美編『続日本絵巻大成17　前九年合戦絵詞 平治物語絵巻 結城合戦絵詞』中央公論社、一九八三年)。
(23)宮次男「『後三年合戦絵詞』について」(小松茂美編『日本絵巻大成15　後三年合戦絵詞』中央公論社、一九七七年)。
(24)河原由雄「『粉河寺縁起』の成立とその解釈をめぐる諸問題」の「付記」(小松茂美編『日本絵巻大成5　粉河寺縁起』中央公論社、一九七七年)。
(25)八嶌正治「後白河院と後崇光院」(『日本歴史』四七六、一九八八年)。
(26)『花園天皇宸記 第二』(史料纂集)(続群書類従完成会、一九八二年)。
(27)荻野前掲注(11)論文。
(28)将軍足利家の絵巻物蒐集については、高岸輝「室町殿絵巻コレクションの形成」(同『室町王権と絵画—初期土佐派研究—』京都大学学術出版会、二〇〇四年)で考察している。
(29)『看聞日記』永享十年六月九・十日条。
(30)小松編前掲注(23)編『日本絵巻大成15　後三年合戦絵詞』。
(31)絵巻物全般に関しては、『特別展 絵巻』(東京国立博物館、一九七四年)、奥平英雄編『日本の美術2　絵巻物』(至文堂、一九六六年)、同『絵巻物再見』(角川書店、一九八七年)等参照。

(32)『看聞日記』永享九年二月二十五日条。
(33)『花園天皇宸記 第二』(史料纂集)(続群書類従完成会、一九八四年)。
(34)『花園天皇宸記 第三』(史料纂集)(続群書類従完成会、一九八六年)。
(35)「足引絵」については小松茂美編『続日本絵巻大成20 芦引絵』(中央公論社、一九八三年)図版・解説を参照。
(36)正宗敦夫編『地下家伝 中』(自治日報社、一九六八年)八九〇頁によれば、島田定直は永享元年に従五位下に叙し、文明五年五月九日に没している。
(37)『看聞日記』永享十年六月二・二十一・二十七・二十九日、七月四・十一・二十九日条。
(38)『看聞日記』永享十年五月十六・二十五日、九月二十八日、十月七・十日条等。

第二章　公家の日記にみえるお伽草子――山科家の場合――

はじめに

室町時代の特徴的な文化としては、五山の禅僧を中心とする禅宗文化、公家社会を中心とする伝統的な古典文化、さらに、一般民衆を基盤とした民衆文化が挙げられる。お伽草子は申楽（能）・狂言とともに室町時代の民衆文化の代表的なものといえる。

「お伽草子」は室町時代短編物語の代名詞となっている(1)。お伽草子の文学性について島津久基氏は、「貴族文学と平民文学とを繋ぐ御伽草子独自の雅致ある平俗趣味とナンセンスな空想」の価値を認めつつも、「広汎な意味の老幼婦女の慰み話」とした(2)。また、荒木繁氏は、文学の担い手が公家・武士階級から民衆へと移りはじめたもので、独自の文学とした(3)。お伽草子の民衆文化としての位置付けは、お伽草子が説経節・幸若舞曲・浄瑠璃・謡曲等の語り物とともに唱導文学の系譜を引き、民間伝承をくみ上げている点や、大部分の作品が仮名文字による平易な文章で書かれている点においても正しいといえよう。

ところでお伽草子の作者は大半が不明であり、享受者についても明確になってはいない。市古貞次氏は作者について、「公家のほか僧侶・隠遁者や教養のある武家が作り、末期には都市人などの作もあるかと推測される」とし、「広い階層の読者」を予想して執筆されたものとした(4)。一方、林屋辰三郎氏は、近郊農村の民衆を背景に発生しながら経済的には富裕な土倉衆の財力の影響を、文化的には公家衆の豊富な教養からの感化を受けて成長した町衆の文化的所産であり、大多数のお伽草子の最後を結ぶ訓蒙的性質の言葉は一般民衆のためのものとした(5)。享受者については、荒木氏が特定の傾向のお伽草子と享受者の階層との関連を示唆しており(6)、また、松本隆信氏はお伽草子のなかでも奈良絵本の多い作品・少ない作品の内容比較と享受者との関わりあいを指摘している(7)。作者や享受者を町衆や一般民衆に一括することには問題があり、林屋氏の説は再検討する必要がある。

お伽草子の享受者を知る手がかりとなる史料は、庶民階級側にはほとんどみられず、公家・寺社史料に頼らざるをえない。室町時代の公家の日記には書籍の貸借・書写・校合の記事がすこぶる多い。これらの書籍から当時の公家の教養・文化の傾向について知ることができ、そのなかにはお伽草子もある。これら公家の日記にみえるお伽草子の内容には、荒木氏が指摘したように、一定の傾向があると考えられる。本章では公家の日記として山科家の代々の日記を取り上げ、これらにみえるお伽草子の傾向を物語内容と伝本形態から探り(8)、お伽草子の享受について考察するとともに、お伽草子が教育面で果たした役割についても考えてみたい。

一　山科家の日記にみえるお伽草子

室町時代にお伽草子的内容の絵巻物・物語が公家や僧侶の日記に登場するのは主に十五世紀以降である。これらは伏見宮貞成親王（後崇光院）の『看聞日記』、三条西実隆の『実隆公記』に絵巻物等の記事がみられるが、山科家の代々

表5　山科家の日記にみえるお伽草子

日　記	物語名	所載年(西暦)・月・日
『山科家礼記』	「花鳥風月双紙」	長禄元(1457)・11・8
『言国卿記』	「葦曳御絵」	文亀元(1501)・5・17
	「フンセウノ双紙」(文正草子)	文亀元(1501)・閏6・4
『言継卿記』	「ふしの人あなの物語」	大永7 (1527)・1・26
	「狐之絵」(狐の草子ヵ)	天文11 (1542)・1・22
	「西行絵」(西行物語ヵ)	天文17 (1548)・4・5
	「精進魚類物語」	天文23 (1554)・3・19, 4・23, 弘治2 (1556)・11・5, 同3・3・21
	「玉藻前物語」	大永8 (1528)・1・13, 天文23 (1554)・7・24, 弘治3 (1557)・3・21, 永禄10 (1567)・8・1
	「恵心僧都之物語双紙」	永禄9 (1566)・5・24, 12・19
	「源氏供養」	永禄10 (1567)・11・30
『言経卿記』	「花光草子」(花みつ月みつ)	天正4 (1576)・2・9
	「秋夜長物語」	天正4 (1576)・3・27, 3・29
	「若草物語」	天正4 (1576)・3・29
	「源氏供養」	天正13 (1585)・8・22, 同16・8・18, 文禄4 (1595)・5・6, 慶長元(1596)・6・10, 8・16, 慶長2・3・24, 同3・9・22, 11・15
	「四十二物あらそい」	天正14 (1586)・11・22
	「精進魚類物語」	天正16 (1588)・8・18, 同17・4・16, 同18・5・6, 慶長元(1596)・11・25
	「鵜鷺物語」(鵜鷺合戦物語)	天正16 (1588)・閏5・3, 閏5・4, 7・11, 8・16
	「瀧口物語」	天正16 (1588)・8・18
	「花鳥風月草子」	天正17 (1589)・4・16, 6・20
	「玉藻物語」	天正17 (1589)・4・16
	「是害坊絵」	文禄2 (1593)・8・16
	「酒転童子」	慶長元(1596)・4・14, 4・21
	「鰯ウリノ物語」 (猿源氏草子ヵ)	慶長2 (1597)・2・5, 3・9
	「小町草子」	慶長11 (1606)・5・11, 同12・1・17

の日記にもお伽草子がみえる。

山科家の十五～十六世紀の日記には、山科家当主の日記『教言卿記』『言国卿記』『言継卿記』『言経卿記』と家司大沢氏の日記『山科家礼記』があり、この時期に一家でこれだけの日記を残した公家も数少ない。山科家は近衛少将・中将を経て大納言を先途とする羽林家で、南北朝期の教言以降は朝廷の内蔵寮の長官である内蔵頭を世襲した。山科家の諸日記は、他の公家日記に比べて格式張らずに当時の身辺の社会状況を比較的素直に映し出していると思われる。山科お伽草子は、山科家の日記では『山科家礼記』『言国卿記』に少しずつ現れはじめ、十六世紀の『言継卿記』以降数を増す。このことは、室町時代におけるお伽草子の一般の流布・享受の仕方と一致していると考えられよう。以下、山科家が関わったお伽草子を同家の日記から抜き出し、その物語の内容・性質や享受方法・伝本形態等について検討し、これらの特徴について考察したい。

山科家の各日記[9]にみえるお伽草子を表5に示した。表5の「物語名」には日記に書かれている名をそのまま「」内に記した。また、それぞれのお伽草子の総伝本数と、伝本形態（絵巻物・奈良絵本・絵入版本・絵無版本・写本）ごとの伝本数を表6に示した[10]（三節に掲出）。

以下、表5に示したお伽草子について、順に具体的にみていこう。

山科家の日記のなかで最も早く登場するお伽草子は、『山科家礼記』にみえる「花鳥風月双紙」である。家司の大沢久守が長禄元年（一四五七）に「花鳥風月双紙」を書写して主人の山科顕言に進上した。『花鳥風月』は、萩原院（花園天皇）の時代に公卿たちが美しい扇の絵の人物をめぐって争論し、巫女の姉妹花鳥・風月を呼び寄せて在原業平・光源氏の霊に語らせるという内容で、『伊勢物語』『源氏物語』の解説を話のなかに織り込んでいる。『花鳥風月』の版本はお伽草子中早くも慶長中期頃に挿絵入りで刊行されており、流布した物語であった。

『言国卿記』は山科顕言のあとを継いだ言国の文明六年（一四七四）～文亀二年（一五〇二）の日記である。『言国卿記』文亀元年閏六月四日条に、

茶子申フンせウノ双紙書出了、

とある。茶子は言国の当時一八歳になる娘で、言国は茶子に頼まれて『文正草子』を書写してやった。『文正草子』は、もと鹿島明神の大宮司の雑色で、常陸の海岸で塩焼きをしている文正が、次第に金持ちになって大納言にまで昇進する立身出世談である。めでたい物語であるので、江戸時代の初期には正月の草紙の読みはじめに用いられた。伝本数も八一本で、お伽草子中最多を数える。

言国は文亀元年五月十七日に朝廷に当番で出仕した際に、後柏原天皇の御前で「葦曳御絵」「諸職人絵」の外題を切り、三条西実隆がこれらの外題を書いた。また、天皇は将軍足利義高にもこれらの絵巻物を貸し、言国がその目録を書いている。『葦曳絵』（『芦引絵』）は稚児物語で、菅原氏の子息で比叡山東塔の侍従君玄怡と、奈良の民部卿得業の子で東大寺東南院の僧都の弟子の若君との恋愛談で、継子いじめなどの要素も加わっている。

山科言継の日記『言継卿記』になると、お伽草子の数もいささか増す。『言継卿記』は大永七年（一五二七）～天正四年（一五七六）の日記である。言継は永禄十二年（一五六九）に山科家ではじめて権大納言に任ぜられている。「ふしの人あなの物語」（『富士の人穴草子』）は、源頼家の命令で富士の人穴に入った仁田四郎忠綱が、菩薩の導きでみた地獄・極楽の世界を、菩薩との約束を守らずに頼家に語ったところ、頼家・忠綱はともに失命した、という物語で、市古貞次氏の分類(11)では武家小説のなかの源平時代の小説に入る。言継はこの物語を朝廷の新内侍局の要望により彼女にみせている。

言継は天文十一年（一五四二）に「狐之絵」を内侍所の女房衆がみたいというので貸している。「狐之絵」につい

ては、『実隆公記』明応六年（一四九七）十月十五日条に「中山中納言来談、滋野井絵二巻令レ見レ之、一巻狐絵常徳院殿御物也、一巻八幡臨幸絵等也」とあり、[12] 故将軍足利義尚の御物に一巻があった。現在『狐の草子』と称する絵巻物が六本伝存しており、北村又左衛門氏所蔵一巻は絵が土佐光信筆といわれている。物語内容は、僧都が美しき女房とともに七年の歳月を送るが、女は実は狐で、七年は七日であった、という破戒僧の物語である。

「西行絵」は『西行物語』であろう。言継は長橋局（勾当内侍）のために詞書を書写している。興福寺多聞院主の日記『多聞院日記』天正十四年（一五八六）三月十日条に、「従二宝地院一西行絵三巻スミヱ見セ給之、仁興殿ノ家ニ所持カト見タリ、孝心奥書在レ之、鳥羽院ノ御時、左衛門尉則清（義）ト云殿上人ト、廿五人（オカ）ヨリ道心諸国修行、九十四才ニテ往生ト見タリ、所々ニテ一円哥ヲ読ル、事迄也、吉祥院見度由申間遣了」とある。[13] 西行の出家、吉野参籠、諸国巡り、往生、歌等のことを記している。総伝本数五七本は『文正草子』に次いで多い数である。津軽家旧蔵の海田采女佑相保筆の絵巻物を明応九年に模写した五巻の絵巻物と、その模写絵巻が十一本もある。

『精進魚類物語』は、異類小説の軍記物である。別名「魚鳥平家」ともいい、『平家物語』を擬している。物語は、鮭の大介鰭長ら魚類・獣類・鳥類の魚鳥類が、御料（主君）の大番の列座への不平から、納豆太郎糸重ら穀類・野菜・果実の精進類と合戦をし、魚鳥類は鍋の城で討ち死にするという内容で、一条兼良作とも伝えられる。言継はこの物語を所持しており、比丘尼御所の大祥（聖）寺殿、言継の老母、伊勢国一身田の専修寺の院家にみせ、朝廷の台所のかかに書写して与えている。神宮文庫には、「山科殿言継卿筆」と内題に書かれた写本一冊が存在する。

『玉藻前物語』は、二尾の狐が日本では美女に化けて玉藻前と呼ばれ、鳥羽院の寵愛を得るが、陰陽師安倍泰成に見破られて下野国那須に逃れ、三浦介に討たれた、という物語で、内典・外典・仏法・世法に通じた玉藻前が管絃の五音等さまざまな質問に対して詳しく答える場面もある。市古氏の分類によれば武家・異類小説の怪物退治・怪婚談に入るが、朝廷を舞台にしているので公家小説とも考えられる。謡曲にも同様の題材を取り上げた『殺生石』がある。『言継卿記』によれば、言継自身、専修寺の院家、近衛家の上臈が『玉藻前物語』を読んでいる。室町～安土桃山時代にかなり流布した物語であったらしい。戦国大名島津義久の家老で日向国宮崎城主上井覚兼は、天正十三年（一五八五）に義久の室から「玉藻前之双紙」を漢字から仮名に直すことを依頼された同僚たちの相談を受けている。[14]

言継は東坊城より「恵心僧都之物語双紙」を借用し、内侍所のさいの要望によりみせている。『恵心僧都物語』は、恵心僧都の伝記を書き記したもので、高僧伝記小説の部類に入る。応永八年（一四〇一）三月二十四日の奥書をもつ模写絵巻が国会図書館にあり、詞書の筆者には清水谷公勝・世尊寺行俊・飛鳥井雅俊の名が書かれている。

『言継卿記』永禄十年（一五六七）十一月三十日条にみえる「源氏供養」は、謡曲ではなくお伽草子であろうか。お伽草子の『源氏供養』は、安居院の聖覚法印が、若い尼の依頼により『源氏物語』を料紙にした法華経の供養のために『源氏物語』五四帖の名を入れた表白文を述べるが、尼は実は高貴な身分の女性であった、という物語である。聖覚作と伝える仮名の『源氏表白』をもとにして作られている。

山科言国・言継・言経のなかでお伽草子に最も多く触れたのは言経である。言経は天正十三年（一五八五）に正親町天皇の勅勘を蒙り、出京して堺の明王院、次いで本願寺の顕如光佐の子で興正寺の顕尊佐超を頼って大坂中島に移り住んだ。言経の妻は冷泉為益の娘であるが、彼女の姉（西御方）は顕尊佐超の妻になっていた。同十九年、言経は豊臣秀吉の命により本願寺と興正寺の移転にともない京都六条の本願寺内に屋敷を与えられ、徳川家康より扶持を受けた。勅免されたのは慶長三年（一五九八）である。『言経卿記』は天正四年～慶長十三年（一六〇八）の日記で、同書には謡曲の本が多くみえるが、言経は文禄四年（一五九五）三月二十六日に豊臣秀次の命により謡曲百番の付注の作業に五山の禅僧や謡衆らとともに参加しており、謡曲に関する造詣も深かったと思われる。

言経は、天正四年二月に父言継の番代で出仕した時に、正親町天皇の前で「花光草子」を読んでいるが、これは『花みつ月みつ』であろう。『花みつ月みつ』は赤松律師則祐の子花光と月光の異母兄弟が主人公で、継子いじめと稚児物語の要素をもった物語である。

『秋夜長物語』は稚児物語の代表作である。比叡山東塔の桂海律師と、花園左大臣の子で三井寺の稚児梅若の悲恋談で、山門寺門の抗争に発展して三井寺は全焼し、梅若が入水自殺した後、桂海はやがて瞻西上人となって仰がれた、という物語である。幸節静彦氏所蔵の室町期の絵巻物三巻が知られており、『看聞日記』永享十年（一四三八）十一月十一日条には貞成親王（後崇光院）が「秋夜長物語絵」二巻を後花園天皇よりみせられた記事がある。写本には、永和三年（一三七七）、嘉吉二年（一四四二）、明応八年（一四九九）、天文九年（一五四〇）等の奥書をそれぞれにもつものがあり、南北朝期以降広く読まれた。言経は中院通勝にこの物語を借用している。

言経は、天正四年三月に父の番代で出仕した折に、『若草物語』を正親町天皇のために読んだ。『若草物語』は公家小説で、按察大納言の子少将と従妹の若草との悲恋談である。

『源氏供養』については前述した。言経はこの物語を所持しており、天正十六年に興正寺の顕尊佐超に貸し、文禄四年（一五九五）には大野伊兵衛・宗珍に読み聞かせた。慶長元年（一五九六）には本願寺の准如光昭室（顕尊佐超娘）にも読み聞かせ、この時に聴聞していた本願寺坊官下間頼純母中殿の依頼で言経はこの物語を書写している。

『四十二の物あらそい』は、市古氏の分類では公家小説のなかの歌物語に入る。奈良の帝・東宮・中宮・公卿・女房らがそれぞれ二つの事物を挙げてその優劣好悪を詠じた和歌が四二首収められている。『源氏物語』の影響の濃い作品である。言経は一〇歳になる息子の阿茶丸（言緒）に小本に書写して与えた。

『精進魚類物語』は、天正十六年に言経が病み上がりの佐超を慰撫するために貸し、慶長元年には石川久七にも貸した。

『鴉鷺合戦物語』は、『精進魚類物語』と同様に異類小説の軍記物である。祇園林に住む烏の東市佐林真玄ら烏軍と、中鴨の森の鷺山城守正素ら鷺軍が合戦し、烏軍が敗北して真玄・正素はともに出家した、という物語内容である。『鴉鷺紀』ともいい、『太平記』と近似している。一条兼良作とも伝えられている。絵入本はない。言経は佐超室西御方からこの物語を借用しており、佐超ともこの物語を読んだ。

『滝口物語』は、別名『恋塚物語』ともいう。遠藤滝口盛遠が刑部左衛門尉重元の妻に悲恋をし、盛遠は出家して文覚と称し、重元は俊重房重源となった、という物語である。言経は、『精進魚類物語』『源氏供養』とともにこの物語を佐超に貸している。

『花鳥風月』は、前述したように『山科家礼記』にもみえたが、言経は佐超の子昭玄の御乳人に借りている。

『是害坊絵』は、村上天皇の時代に中国の天狗の首領是害坊が来日し、比叡山の高僧らにさんざんな目にあわされて負傷し、日本の天狗日羅坊らに介抱されて帰国する、という物語である。京都の曼殊院所蔵の絵巻物二巻の奥書には、延慶元年（一三〇八）の原本を嘉暦四年（一三二九）、文和三年（一三五四）等に各地で書写したことが記されている。言経は一七歳の阿茶丸に見せるために佐超室西御方からこの絵巻物を借りた。

言経は、慶長元年に『酒転童子』三巻を本願寺の准如光昭から借りた。『酒転童子』は、源頼光らが帝の命により酒転童子という鬼を退治する有名な物語で、謡曲の『大江山』にも書かれている。大江山系と伊吹山系の二種類がある。逸翁美術館には南北朝期と考えられている絵巻物（大江山系）三巻があるほか、絵巻物が多く残されており、いずれも三巻仕立てが大半を占める。

「鰯ウリノ物語」は、お伽草子の『猿源氏草子』と考えられる。言経は慶長二年に佐超の娘の小御姫御方アヤヤ（一一歳）にこの物語を借り、片仮名に書き直して渡している。『猿源氏草子』は、伊勢国阿漕浦の鰯売り海老名六郎左衛門（南阿弥陀仏）の婿猿源氏が、都の遊女蛍火を歌の徳で得ることができたという物語で、『文正草子』と同様に庶民の立身出世談である。伝本は版本が多く、成立年代は近世に近いと思われる。

『小町草子』は、小野の里の庵に住む老いた小町を在原業平が訪れ、その後陸奥国に旅して同地で没した小町を業平が弔う物語で、有名な和歌が多く引用されている。言経は『小町草子』を朝廷の台所の阿茶に貸している。

このほか、『言経卿記』にみえるお伽草子と思われる草子・絵巻物は、「祇王縁起」「庚申草子」「十二人絵」「弥勒与地蔵合戦物語」「鬼国草子」「利仁将軍物語」である。「祇王縁起」は『祇王牛頭天王縁起』、「庚申草子」は『庚申の本地』とも考えられるが、不明である。

二　物語内容と享受者

山科家の日記『山科家礼記』『言国卿記』『言継卿記』『言経卿記』にみられるお伽草子について、それらの内容の傾向を探ってみよう。

まず最も多い作品として挙げられるのは、稚児物語・高僧伝・遁世談等の僧侶・寺院関係の物語である。稚児物語としては『秋夜長物語』『芦引絵』『花みつ月みつ』がある。

歴史上実在した僧侶を主人公とした物語としては、『恵心僧都物語』が源信の伝記で、『西行物語』は西行を、『源氏供養』では聖覚を、『滝口物語』では文覚を主人公として重源までも登場する。『秋夜長物語』の瞻西上人も実在の人物である。(15) これら実在の人物には大部分に脚色が加えられている。

遁世を話の結末とする物語はとくに愛読された。『芦引絵』『秋夜長物語』『滝口物語』『若草物語』『鴉鷺合戦物語』

はみな遁世談に含められ、『西行物語』も遁世談に入る。なかでも『芦引絵』『若草物語』『鴉鷺合戦物語』『西行物語』は高野山で出家遁世をしており、この時期の仏教信仰と深く関係があると考えられる。

朝廷・公家社会を舞台背景とし、貴族階級の人物が重要な役割を演じる物語には、『花鳥風月』『四十二の物あらそい』『源氏供養』『若草物語』『玉藻前物語』が挙げられる。また、和歌が物語の主題ともなっている歌物語は『四十二の物あらそい』『西行物語』『小町草子』で、『猿源氏草子』も歌の徳を説いている。

人間以外の動植物が主人公となる物語では、軍記物系の『精進魚類物語』『鴉鷺合戦物語』が好まれている。なかでも『精進魚類物語』は『平家物語』の影響の濃い作品で、ほかの公家日記にも度々記述されている。このほか、『狐の草子』『玉藻前物語』は狐と人間が結ばれる物語で、このような種類の物語には狐が多い。

武士を主人公にした物語としては『富士の人穴物語』『酒転童子』『滝口物語』がある。

庶民を主人公とした物語としては『文正草子』『猿源氏草子』があり、両者とも立身出世談である。

以上、登場人物の階層・社会等（僧侶関係、朝廷・公家関係、動植物、武士・庶民）によって物語を類別してみた。物語の内容は多様であることが指摘できるが、しかし、物語内容の傾向としては、僧侶・寺院関係、朝廷・公家関係の物語が多いことは否定できない。とくに遁世談、高僧伝、稚児物語、『源氏物語』『伊勢物語』『平家物語』『太平記』等の古典文学の影響の強い作品が好まれたといえよう。

ところで、公家の日記にほとんどみられないお伽草子が存在することが指摘できる。それは本地物と呼ばれる一連の物語で、代表的作品に『阿弥陀の本地』『釈迦の本地』『熊野の本地』等がある。本地物は寺社縁起とは異なり、神仏・諸天の前世譚で、主人公はさまざまな苦難に直面して奇想天外なストーリーが展開するなかで、困難を乗り越えて救われ、神仏となって生まれ変わるのである。南北朝期成立の『神道集』一〇巻は安居院流説経者の作とされ、説経者の種本ではないかといわれているが、本地物の諸作品と関係が深い。本地物はお伽草子のなかでも唱導文芸の系譜を引くものであり、語り聞かせるという性質が強かった。

本地物のなかで最も流布したのが『熊野の本地』である。摩訶陀国の善財王の千人目の后五衰殿女御が懐妊して九九九人の后たちの嫉妬により山中で首を切られるが、生まれた王子は首のない母の乳と山中の動物たちに育てられ、やがてちけん上人に見出されて養育され、父の王と対面して母も蘇生し、王・女御・王子・上人は日本に飛来して熊野三山になった、という物語である。伝本は三八本あり、なかでも同じ構図の絵をもつ同系統の絵巻物が約八本現存しており、当時の熊野信仰にともなって『熊野の本地』の絵巻物が広く人々の間で親しまれたことを意味している。しかしながら、『熊野の本地』は公家の日記には管見の限りではみられない。『熊野の本地』にみえる文献史料としては、『熊野年代記』永正十七年（一五二〇）十二月十五日条に、土木村吉宗・同新二郎が「熊野御本地之絵」を奈良の定公に寄進し庵主にも奉納した記事がある(16)。また、『甲斐国社記・寺記』所載の十一月二十三日市川秀成書状と添書の写は、甲府大光坊が徳川家康に献上した那智山本願の「権現絵」三巻（「熊野宮之濫觴記」）を同坊に下賜することを記しており、この「権現絵」は『熊野の本地』である可能性があるという(17)。

『熊野の本地』は、公家社会で享受される性質の物語ではなく、熊野関係の社寺・武士・庶民などと関わりが深く、熊野比丘尼などの絵解きによって信仰を広める手段として使われたと考えられる。公家社会においては、これらの唱導文芸の系譜を引く本地物は享受されなかったといえよう。

お伽草子に対する公家の享受の傾向は、公家社会における教養・趣味・思想の傾向を反映している。公家社会においては古典文学・和歌や仏教信仰が日常生活においても重要な位置を占めており、本書第Ⅲ部第一章で考察したように、公家が書写・校合した書籍にもそのような種類のものが多くみられる。お伽草子のなかでも『源氏物語』等の古典文学の影響の強い作品が好まれたのもそのためである。また、遁世談では高野山の頻出度が高かったことは、室町期の公家社会に浸透していた浄土教信仰[18]と関係があると思われる。本地物が公家社会に受け入れられなかったのも、旧来の古典文化を重んじ旧仏教と浄土教を信仰する公家と、民間への信仰流布を目的とした土俗的な語り物の本地物とでは、信仰・思想の点で一致しなかったためであろう。

三　伝本形態と享受者

お伽草子の伝本の形態は写本・奈良絵本・絵巻物・版本であり、伝本の半数以上は絵入りの形をとっている。お伽草子の初期のものには絵巻物が多い。宮次男氏は、お伽草子的内容の絵巻物で最も早い頃の作品に、鎌倉時代の永仁年間頃と思われる『男衾三郎絵巻』（文化庁所蔵）を挙げている[19]。宮氏のいうように、室町時代のお伽草子の絵巻物の筆者は物語絵巻や戦記絵巻・社寺縁起・高僧祖師絵伝などの伝統的画題の絵巻物の筆者と同じで、享受者も皇室・公家・社寺・将軍家など上層階級の人々であった。作品を例に挙げれば、『土蜘蛛草紙』（東京国立博物館所蔵）、『十二類絵巻』（堂本四郎氏所蔵）、『秋夜長物語』（幸節静彦氏所蔵）、『俵藤太絵巻』（金戒光明寺所蔵）、『浦島明神縁起絵巻』（宇良神社所蔵）、『大江山絵巻』（逸翁美術館所蔵）、『福富草紙』（春浦院所蔵）等がこれに該当する[20]。

これらの絵巻物には、宮氏によれば「伝統様式に依存しながら、そこから脱皮を志向するもの」が多いが、このほかに室町時代には、伝統的やまと絵の様式を無視した表現描写の自由な絵巻物が現われはじめる。これらは「奈良絵巻」「奈良絵風の絵巻」と呼ばれることもあり、お伽草子の、『熊野の本地』（杭全神社所蔵）、『伏見常盤』（赤木文庫所蔵）、『藍染川』（慶應義塾図書館所蔵）、『つきしま』（日本民芸館所蔵）、『松姫物語絵巻』（東洋大学所蔵）等がこれに相当する。

　また、「小絵」と呼ばれる小型の絵巻物の記事が『看聞日記』『実隆公記』にみえるが、これは絵巻物から奈良絵本へ移行する過程として位置付けられている。(21)

　奈良絵本については、高野辰之氏が『看聞日記』嘉吉元年（一四四一）四月十五日条の記事から、奈良法師が仏画以外に文学書の挿絵を描いたことに奈良絵本の名称の源流を求めて以来、(22)南都の絵法師説が流布したが、この名称は江戸時代には使用されていない。明治期に好事家の間で発生したという反町茂雄氏の説、(23)奈良扇と図柄が似ているので書画骨董商が命名したという清水泰氏の説(24)などが妥当であろう。奈良絵本には縦本と横本があり、挿絵は絵巻物の形式を受け継いでいる。(25)室町時代末期～江戸時代初期に多く制作され、大半はお伽草子であるが、ほ

表6　山科家の日記にみえるお伽草子の伝本の数

物　語	総伝本数	絵巻物	奈良絵本	絵入版本	絵無版本	写本
花鳥風月	23	1	9	4	0	9
文正草子	81	9	41	16	0	15
葦曳絵	2	1	0	0	0	1
富士の人穴草子	54	1	1	11	3	38
狐の草子	6	6	0	0	0	0
西行物語	57	19	5	8	4	21
精進魚類物語	12	0	0	0	2	10
玉藻前物語	18	6	4	2	0	6
恵心僧都物語	10	2	0	1	0	7
源氏供養	6	1	0	0	0	5
花みつ月みつ	5	0	1	0	0	4
秋夜長物語	23	3	2	2	7	9
若草物語	17	0	2	8	0	7
四十二の物あらそい	32	2	5	5	0	20
滝口物語	2	0	0	1	0	1
鴉鷺合戦物語	13	0	0	0	2	11
是害坊絵	19	19	0	0	0	0
酒転童子（大江山系）	18	9	2	3	0	4
酒転童子（伊吹山系）	20	9	3	0	0	8
猿源氏草子	7	0	1	5	0	1
小町草子	7	0	2	4	0	1

伝本は松本隆信「増訂室町時代物語類現存本簡明目録」に依る。

かに幸若舞曲などもある(26)。

版本は、豊臣秀吉の朝鮮出兵により活字印刷が日本に渡来して以来出版が盛んになり、文禄・慶長頃から仏書以外の典籍の刊行も行なわれた。お伽草子の刊行は、慶長年間中期頃よりはじまり、寛永年間頃を盛時として元禄年間頃まで続いた(27)。

山科家の日記にみられるお伽草子をそれぞれの伝本形態からみてみると、表6からわかるように、写本の形態が多い物語が多い（『富士の人穴草子』『西行物語』『精進魚類物語』『恵心僧都物語』『源氏供養』『月みつ花みつ』『秋夜長物語』『四十二の物あらそい』『鴉鷺合戦物語』等）。絵巻物として伝存する物語もあり、『狐の草子』『是害坊絵』『酒転童子』がこれに相当する。写本の形態が多いことは、公家が自ら書写して写本を作成していることと関係していると思われ、公家社会では写本・絵巻物の形で享受されていたといえる。

おわりに

お伽草子の物語が、単にお伽草子の形をとるだけではなく、説経節・幸若舞曲・謡曲とも関連をもち、さらには人形浄瑠璃・歌舞伎にも題材を提供したことは、物語内容が当時の一般民衆に流布したことの表われであろう。しかしながら、人々の身分・社会層により享受したお伽草子の物語内容・伝本形態に相違がある。

山科家の日記にみられるお伽草子の物語内容の傾向を探ると、僧侶・寺院関係、朝廷・公家関係の物語が多く、とりわけ遁世談・高僧伝・稚児物語や古典文学の影響の強い作品が好まれている。しかし、『熊野の本地』等の本地物は公家の日記にはほとんどみられない。公家の教養・趣味・思想がお伽草子の傾向にも反映しており、民間信仰・語り物的な本地物は享受されることがなく、当初より草子・絵巻物として書かれた、仏教や古典文化の影響の強い物語が公家社会において好まれたのである。

また、お伽草子の享受の特徴として女性の愛好と子供の教育・娯楽の二点を指摘したい。

『言継卿記』によれば、朝廷の女官の長橋局は『西行物語』を、新内侍局は『富士の人穴草子』を、内侍所の女房たちは「狐之絵」『恵心僧都物語』を、朝廷台所のかか・比丘尼御所大聖寺殿・言継老母は『精進魚類物語』を、近衛家の上臈の女房は『玉藻前物語』を読んでいる。また、『言経卿記』によれば、興正寺顕尊佐超室西御方は『鴉鷺合戦物語』『是害坊絵』をもっており、その子昭玄の御乳人は『花鳥風月』をもっている。また、下間頼純母中殿は『源氏供養』の書写を言経に依頼している。これらの場合から考えると女性の方が男性よりもお伽草子を愛好していたように思われる。

子供の教育・娯楽としては、山科言国が娘茶子のために『文正草子』を、言経が息子阿茶丸のために『四十二の物あらそい』を書写しており、言経は佐超娘アヤヤのために「鰯ウリノ物語」(『猿源氏草子』)を片仮名に書き直している。また、阿茶丸は佐超室西御方所持の『是害坊絵』を見せてもらっており、さらには西御方から『二十四孝屏風』の絵を写すために借りている。[28] お伽草子には日本民芸館所蔵『浦島太郎』『つきしま』など稚拙な絵が描かれた絵巻物・奈良絵本が残されているが、これらは子供たちが自らの手習い・娯楽のために描いたことも考えられよう。

注

(1)「御伽草子」「お伽草子」の名称は、大坂の渋川清右衛門が享保年間(一七一六〜一七三六)頃に出版した二三編の昔の物語集『御伽草子』に由来する。

（2）藤村作編『日本文学大辞典』第一巻（増補改訂、新潮社、一九五〇年）「御伽草子」の項。
（3）荒木繁「中世末期の文学」（『岩波講座 日本文学史 5中世』岩波書店、一九五八年）。
（4）『日本古典文学大辞典』第一巻（岩波書店、一九八三年）「御伽草子」の項。
（5）林屋辰三郎「郷村制成立期に於ける町衆文化」（『日本史研究』一四、一九五一年、同『中世文化の基調』所収、東京大学出版会、一九五三年）。
（6）荒木前掲注（3）論文の注。
（7）松本隆信「奈良絵本と御伽草子」（『日本文学』二六―二、一九七七年、同『中世庶民文学―物語草子のゆくへ―』所収、汲古書院、一九八九年）。
（8）本章ではとくに市古貞次「中世小説年表稿」（同『中世小説とその周辺』東京大学出版会、一九八一年）、松本隆信「増訂室町時代物語類現存本簡明目録」（奈良絵本国際研究会議編『御伽草子の世界』三省堂、一九八二年）に教示を得るところが大きい。また、各物語の内容・伝本等については、横山重・松本隆信編『室町時代物語大成』第一～一三（角川書店、一九七三～八五年）等参照。
（9）本章では、『（史料纂集）山科家礼記』『（史料纂集）言国卿記』『新訂増補 言継卿記』『言継卿記』（以上、続群書類従完成会）、東京大学史料編纂所編『大日本古記録 言経卿記』（岩波書店）を使用。なお山科家については拙著『中世公家の経済と文化』（吉川弘文館、一九九八年）等で考察。
（10）伝本は松本前掲注（8）目録に依る。版本は同版のものを一本と数えた。同目録によれば、お伽草子総伝本数二一七六本（一〇〇％）の内訳は、写本七八六本（三六％）、奈良絵本四九五本（二三％）、絵巻物四八三本（二二％）、絵入版本三六一本（一七％）、絵無版本五〇本（二％）、その他一本である。
（11）市古貞次『中世小説の研究』（東京大学出版会、一九五五年、復刊一九七八年）。
（12）『実隆公記　巻三下』（続群書類従完成会、一九八〇年）。
（13）『（増補 続史料大成）多聞院日記 四』（臨川書店、一九七八年）。

(14)『上井覚兼日記』天正十三年二月二十六日条。
(15)宮地崇邦「実在人物の物語化―瞻西上人と『秋の夜長物語』―」(『國學院雑誌』六二―一、一九六一年)。
(16)東京大学史料編纂所編『大日本史料 第九編之十二』(東京大学出版会、一九五六年、覆刻一九八七年)三六九頁。
(17)萩原龍夫『巫女と仏教史』(吉川弘文館、一九八三年)三七頁では、三巻を『熊野本地絵巻』の古本系統に通有の巻数であるとして、『熊野の本地』である可能性を示している。
(18)芳賀幸四郎「公家社会の教養と世界観―室町中期における古典主義運動の展開―」(同『芳賀幸四郎歴史論集Ⅰ 東山文化の研究(上)』思文閣出版、一九八一年)。
(19)宮次男「お伽草子絵巻―その画風と享受者の性格―」(『国文学 解釈と教材の研究』二二―一六、一九七七年)。
(20)高崎富士彦編『日本の美術52 お伽草子』(至文堂、一九七〇年)、宮次男「お伽草子絵について」(奈良絵本国際研究会議編『在外奈良絵本』角川書店、一九八一年)参照。
(21)梅津次郎「硯破絵巻 その他―『小絵』の問題―」(『国華』八二八、一九六一年、同『絵巻物叢誌』所収、法蔵館、一九七二年)。
(22)高野辰之「磯崎解題」(大正大学郊北文学会編『国文学踏査』第二輯、四條書房、一九三三年)。
(23)反町茂雄『奈良絵本私考』(弘文荘、一九七九年、同『日本の古典籍 その面白さその尊さ』八木書店、一九八四年)。
(24)清水泰「奈良絵本考」(『立命館大学人文科学研究所紀要』一、一九五三年)。
(25)赤井達郎「奈良絵本について―その形成を中心として―」(『国華』八一三、一九五九年)。
(26)松本前掲注(7)論文。
(27)川瀬一馬『増補古活字版の研究 上巻』(The Antiquarian Booksellers·Association of Japan 一九六七年)、上里春生『江戸書籍商史』(名著刊行会、一九六九年)二六～三二頁。
(28)『言経卿記』文禄元年二月二日条。

第三章　学習書としてのお伽草子—『言継卿記』にみえる『玉藻前物語』と雅楽—

はじめに

室町時代の短編物語は「お伽草子」と呼ばれ、その数は四〇〇以上を数える(1)。物語の内容は多様で、市古貞次氏は、物語の扱われた世界を中心に公家小説・僧侶小説・武家小説・庶民小説・異国小説・異類小説の六つに分類した(2)。これらは十五～十七世紀に絵巻物・写本・奈良絵本の形態で、十七世紀には版本も出されて、広い階層で享受されたが、物語の種類・内容によって享受者や享受方法も異なっていたと考えられる。

市古氏はお伽草子の特質の一つとして啓蒙性・教訓性を挙げており、また、松本隆信氏は、奈良絵本の多い『花鳥風月』が『伊勢物語』『源氏物語』の教養書として読まれたことを示唆している(3)。

公家の山科家の十五世紀～十七世紀初期の日記にみえるお伽草子のなかには、学習書・教養書として読まれたと思われる作品がある。第二章では、山科言国が娘茶子のために『文正草子』を、山科言経が息子阿茶丸のために『四十二の物あらそい』を書写して与えたことを指摘したが、これらのほかに、大人が学習・教養のための書物として読んだと思われるお伽草子として、『精進魚類物語』『玉藻前物語』『源氏供養』『花鳥風月』等が挙げられる。これらは山科言継・言経とその周辺の男女の大人たちが享受した作品であった。これらの作品には、ある特定の知識に関する内容が物語のなかに織り込まれており、学習書・教養書の役割も果たしていたと考えられる。『精進魚類物語』については伊藤慎吾氏が食材の語彙の学習書として考察した。(4) また、『源氏供養』は『源氏物語』五四帖の名すべてを織り込んだ表白文を含んでおり、『花鳥風月』と同様に『源氏物語』の学習書にもなっている。本章では、十六世紀の山科言継の日記『言継卿記』に記事がみえる『玉藻前物語』を取り上げ、お伽草子が大人の学習書・教養書としても読まれたことについて考察したい。

一　『玉藻前物語』の物語と読者

『玉藻前物語』の伝本には、絵巻物六本、写本六本、奈良絵本四本、絵入版本二種類があり、(5) 各伝本間では物語内容に大きな違いはない。これらのうち、赤木文庫旧蔵の写本は、(6) 奥書に「文明弐年初冬比書之」とあり、文明二年（一四七〇）十月頃に書写されたものである。この文明二年の写本に従って物語内容について紹介しよう。

近衛天皇の時代の久寿元年（一一五四）、鳥羽院が政治を行なっていた時代に、一人の美女が現われ、化粧の前と呼ばれて院に寵愛された。彼女は内典・外典・世法・仏法について誤りなく訓釈し、院がさまざまなことを尋ね問うと、すべてについて即座に答えた。ある九月二十日過ぎの日に簫歌殿で行なわれた詩歌管絃の御遊で、彼女は光と芳香を放ち、このため玉藻の前と呼ばれた。院はこの御遊の時に人々に彼女に対して質問をさせ、殿上人らが五音の起源などいろいろな事物について尋ねると、すべて即座に答えた。

やがて鳥羽院は病気になった。典薬頭は邪気に依るとし、陰陽頭安倍泰成の占いでは早く祈禱した方がよいという。

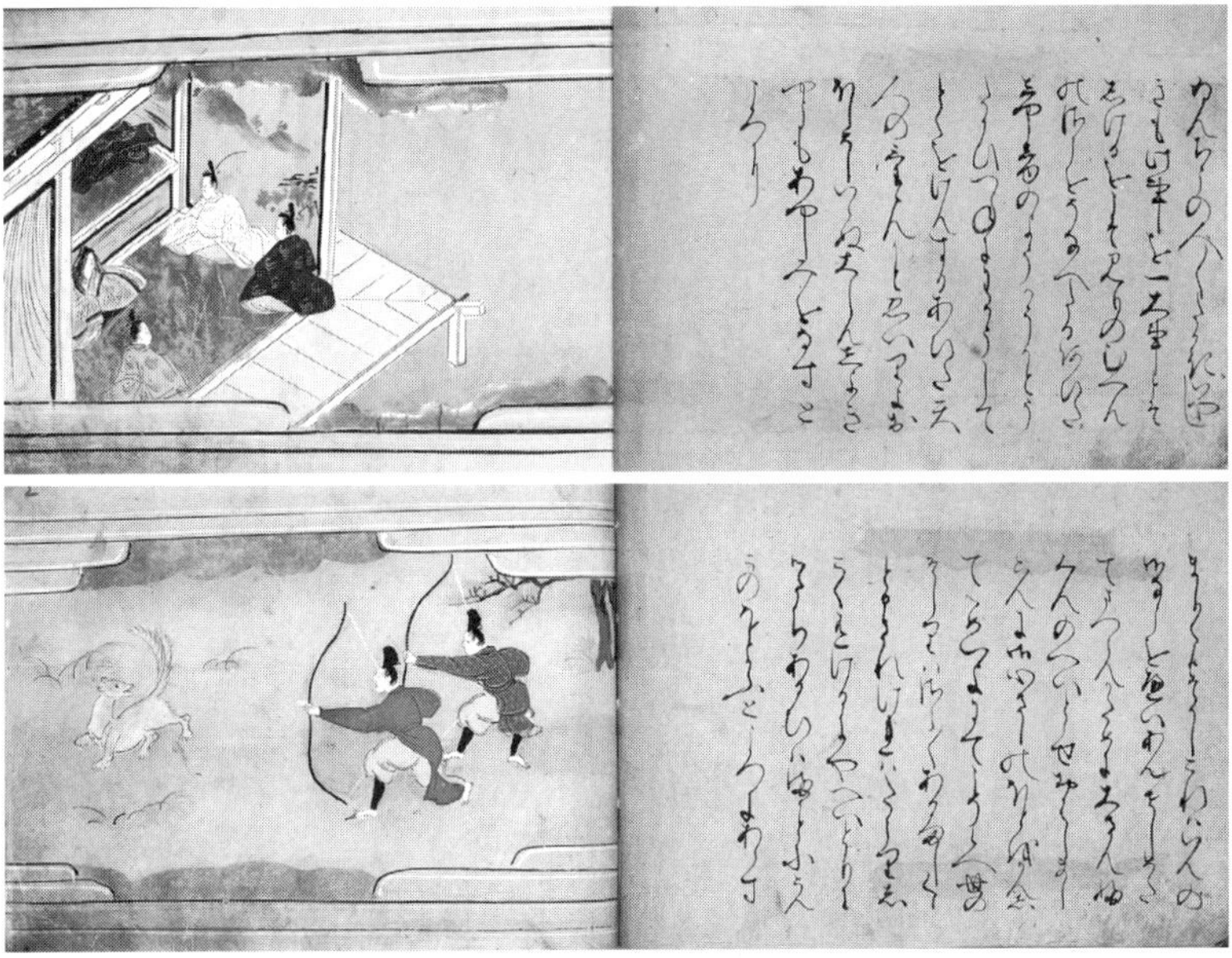

図4　奈良絵本『玉もの前』（国立国会図書館所蔵）

しかし、七日間の祈禱も効き目がなく、泰成によれば玉藻の前が原因であり、彼女は下野国那須野にいる八〇〇歳の二尾の狐で、中国では后妃や侍女に化けて国王の命を奪い取ろうとし、日本では仏法を滅ぼして王の命を奪い取り、日本の主になろうとしているという。泰成が泰山府君祭の祈禱を行なっている時に玉藻の前に御幣を請け取らせようとすると、彼女はいなくなってしまう。院は病気が治り、公卿たちの評議で武士らに狐を退治させることになり、弓矢の名手として東国の上総介と三浦介に院宣が下された。彼ら武士たちは那須で二尾の狐をみつけたが射止めることができず、二人が諸神に祈念すると、三浦介の夢に二〇歳くらいの美女が現われて命乞いをする。三浦介は直ちに狩りに出て狐を矢で打ち取って殺し、上京して狐を院に差し出すと、院は那須の狩りを赤い犬で再現させ、これが犬追い物と名づけられた。この狐は宝前に納められ、狐の腹中にあった仏舎利は院に進上し、頭にあった白い玉は三浦介が取り、尾の先にあった赤・白の針を取った上総介は、赤い針を氏寺の清澄寺に納め、白い針を伊豆の兵衛佐（源頼朝）に進上した。文末は、末代であっても王位を揺るがせにしてはいけない、という文で終わっている。

なお、承応二年（一六五三）刊の絵入版本(7)にはさらに後日談が書かれており、げんのう和尚が那須の野原を通った時にみつけた殺生石の由来を里人の女房に聞き、げんのうが仏事を行なうと石が砕けて成仏し、後にげんのうは陸奥国あつつ郡墨川万願寺に住したという話が加わっている。

戦国期の山科言継の日記『言継卿記』(8)には、言継や彼の知人たちが『玉藻前物語』を読んだことがみえる。

同記大永八年（享禄元年・一五二八）一月十三日条には、

中御門へ罷候て、玉藻前之物語を読候了、

とある。二二歳（数え年）の言継は、養母の実家中御門家に頻繁に出入りしており、この日は同家で『玉藻前物語』を読んでいる。

言継は、四八歳の天文二十三年（一五五四）七月二十四日、朝廷の内侍所に寄り、『玉藻前物語』を読んでいる。言継は内侍所に自分の書籍の入った唐櫃を預け置いており、(9)『玉藻前物語』もこの唐櫃に入れていたと思われる。

言継は弘治二年（一五五六）九月～同三年三月に養母とその姉寿桂尼（今川義元母）の住む駿河国府中に滞在し、その後、伊勢国を経て京都に帰った。その伊勢国で、一身田の専修寺に三月十八日から二十二日まで滞在した。専修寺の住持は飛鳥井前大納言雅綱の子(10)（尭恵）であった。言継は二十一日に同寺の院家が言継所持の謡曲の本三六冊、『玉藻前物語』『精進魚類物語』等をみたいというのでみせている。言継はこれらの書籍を携えてこの駿河・伊勢の旅をし、旅先で知人たちに書籍を貸したりみせたりしている。

また、『言継卿記』永禄十年（一五六七）八月一日条には、

近衛殿上臈承候物語双紙、玉藻前物語、堺記等持参了、

とあり、言継は摂関家の近衛家に仕える上臈の女房の要望により『玉藻前物語』等の物語草子をみせている。

このように、『玉藻前物語』は、言継自身、専修寺の院家、近衛家の上臈女房が読んでおり、大人たちが読者であった。

二　百科事典としての『玉藻前物語』

なぜ戦国期の大人たちは、狐が美女に化けて国を奪い取ろうとした物語を読んだのであろうか。それは、この物語の前半の大部分を占めている玉藻の前が披露したさまざまな知識に理由があると考えられる。

鳥羽院は、彼女が内典・外典・世法・仏法に通じてよどみなく訓釈するので、あまりの不思議さにいろいろなことを尋ねてみようと考え、まず聖教中の煩悩・菩提・生死・涅槃について問うと、彼女は次のように答えた[11]（以下に引用する文は、赤木文庫旧蔵本の写本の仮名文を用い、わかりやすくするために、仮名には該当する漢字をあてはめて漢字の横に原文の仮名を書き、濁点も付けて表記する）。

女性《によしやう》の身にて左様《さやう》な事はいかでか知《し》り候べき、しかりといへども過去《くわこ》のこういんにひかれて男女《なんによ》のかわりこそ候へども、身の内《うち》の仏性《ふつしやう》は一体《たい》にて候へば、一事において男女《なんによ》の変《か》わり目《め》あるべからず候、その故《ゆへ》は、煩悩《ほんなう》と菩提《ほたい》と生死《しやうし》と涅槃《ねはん》と、例《たと》へば、水《みつ》と氷《こほり》との如《こと》く、響《ひゝき》と声《こゑ》との如《こと》くなり、煩悩即菩提《ほんなうそくほたい》なりといへども、思《おも》ひにまかせて煩悩《ほんなう》を起《お》せば、煩悩《ほんなう》いよ〳〵増長《そうちやう》すべし、煩悩《ほんなう》ともに菩提《ほたい》、生死《しやうし》なる故《ゆへ》に、又、心《こゝろ》に任《まか》せて着心《ちやくしん》をなせば、生《しやう》いよ〳〵出《い》づる事なし、かるがゆへに、身にはかい行《きやう》を守《まほ》りていきをほんせず、心には生死《しやうし》を厭《いと》いてひとへに菩《ほ》提《たい》を起《お》こすべし、（以下省略）

長いので以下は省略するが、彼女が高僧の書いた法文と少しも違わずに答えたので、法皇・院をはじめとする御所中の人々が驚いた。

また、院が、天の河は本当に天に河が流れているのかと尋ねると、彼女は、

（前略）私《わたくし》の料簡《りようけん》には、一切の物に□□らす、その精《せい》と申物候あいだ、雲《くも》の精《せい》とこそ覚《おぼ》へ候へ、その故《ゆへ》は、雲とゆふは天地の息《いき》なり、日の照《て》る時《とき》は天《あま》の渇《かわ》きへ、雨《あめ》の降《ふ》る時は天《あま》の河《かわ》まさる、雲熱《くもねつ》して、暑《あつ》き時《とき》は雨降《ふ》る、雲晴《くもは》るれば、雨《あめ》なきが故《ゆへ》に上る間、一切の雲《くも》のなかに天《あま》の河《かわ》をもつて、雲《くも》の精《せい》として候、

といい、天の河は雲の精であるという。院は、「料簡まことに面白し」と仰せになって、さらに蓮華・花・香・玉・海・山・かね・竜王・獣・善人・鳥・悪人・経典の精について問うと、彼女はすべてについて即座に答えた。例えば、獣では獅子王を、経典では法華経を聖教の精として挙げている。

そして、ある九月二十余日に簫歌殿で行なわれた詩歌管絃の御遊で、鳥羽院は彼女をそばにおいて御簾の内にいると、彼女が光を放って芳香を出したので、院は「玉藻の前」と呼ぶように皆に命じた。院は少し恐ろしく思いはじめたが、管絃の最中であったので、なんでもわからないことがあったら彼女に問えと皆に仰せになると、若い殿上人が進み出て彼女に尋ねた。そして、以下に述べるように、物語のなかで雅楽の音や楽器に関する詳細な事柄が玉藻の前の言葉によって説明されるのである。

若い殿上人は、管絃の五音がいまだにはっきりとわからないので、五音の起こりについて知りたいと問うた。玉藻の前は、

五音《いん》と申は、五臓《さう》より出《い》づる息《いき》のねなり、五臓《さう》より出《い》づる息《いき》、五色《しき》の如《こと》く、五臓《さう》の息《いき》の響《ひゞ》き、おの〳〵五きや□□つかさどる、

と言い、さらに、

しきや□ふしちなり、六て□しとなる、六調子《てうし》分《わ》かれて呂《りよ》・律《りつ》の音《をと》と申、ひのと□□□となり、しかるあいだ、双調《そうてう》、黄鐘調《わうしきてう》、一越調《こつてう》の三のねは呂《りよ》の声《こゑ》なり、平調《ひやうてう》、盤渉調《はんしきてう》の二の調子《てうし》は律《りつ》の声《こゑ》なり、次に無調《むてう》といふは呂《りよ》・律《りつ》の二の声《こゑ》より出《い》て終《お》わるが故《ゆへ》に、呂《りよ》・律《りつ》のことにして不調《ふてう》なる一の声《こゑ》のあるを無調《むてう》と名《な》づける、

と答え、無調については、

五調子《てうし》のほかに無調《むてう》あるにはあらず、呂《りよ》の声《こゑ》には准《しゆん》じながら、しかも、双調《そうてう》、黄鐘調《わうしきてう》、一越調《こつてう》、三の調子《てうし》に違《たか》へる故《ゆへ》に無調《むてう》と名《な》づけ、これすなはち、呂《りよ》の声《こゑ》ながら少律《せうりつ》の声《こゑ》かねたる故《ゆへ》に、一向呂《かうりよ》の声《こゑ》にして、三調子《てうし》には似《に》ざるなり、およそ一越調《こつてう》の声《こゑ》に、甲《かう》・乙《おつ》の二の声《こゑ》あり、甲《かう》の声《こゑ》といふは上音《うわを》なり、乙《おつ》の声《こゑ》といふは下音《したを》なり、上音《うわを》といふは、出《い》づる息《いき》、甲《かう》の声《こゑ》これなり、下音《したを》といふ、入《い》り息《いき》、乙《おつ》の声《こゑ》これなり、かくの如《こと》く心得《こゝろへ》て、六調子《てうし》を探《さく》るべし、

と答えた。つまり、六調子とは、呂の音の双調・黄鐘調・一越調、律の音の平調・盤渉調の五調子で、このほかに無調があるのではなく、一越調に甲の音の上音と乙の音の下音の二音があるという。

中世の楽音については、平安末期〜鎌倉時代の楽書に大神基政撰『竜鳴抄』（長承二年（一一三三））、北山隠倫凉金撰『管絃音義』（文治元年（一一八五））、狛近真撰『教訓抄』（天福元年（一二三三））等があり、各書の六調子に関する記述には少々違いがある。『管絃音義』(12)では双調・黄鐘調・一越調・平調を呂、盤渉調を律としているが、『竜鳴抄』(13)『教訓抄』(14)は律の平調・盤渉調・黄鐘調と呂の一越調・双調・大食調を六調子と呼んでおり、呂と律の区分はいろいろと変化して諸説が存在したらしい(15)。

しかし、『玉藻前物語』のなかで玉藻の前が、五調子のほかに無調があるのではなく、一越調に甲・乙の音がある

としている点については、『管絃音義』に、

（前略）此上下両无調、更非三五音外別有二其音一、唯以二一越調甲乙音少降一、云二上无調一、以二双調甲乙音少降一、名二下无調一也、（後略）

とあり(16)、上下無調は五調子のほかの音ではなく、一越調と双調の甲・乙の少し下がった音がそれぞれ上無調・下無調と呼ぶとしている。この甲・乙の音については『竜鳴抄』『教訓抄』にはほとんどみえず、『玉藻前物語』の説明はこの『管絃音義』の記述からきていると思われる。

さらに玉藻の前は、五調子と人間の五臓との関係について次のように述べている。

この五調子《てうし》といふは、五臓《さう》より出《い》づる息《いき》のねをもつて、無常《むしやう》の時分《しふん》を表《あら》はす物なり、この次第《したい》を明《あき》らめば、黄鐘《わうしき》調《てう》は心《しん》の臓《さう》より出《い》づる息《いき》ねなり、この臓《さう》のねは、乙《おつ》の声《こゑ》にきするなり、その故《ゆへ》は、甲《かう》の声《こゑ》にあり、□きは脾《ひ》の臓《さう》の土《つち》の上《うへ》に准《しゆん》じ、甲《かう》の音《をと》あり、乙《おつ》の響《ひゞ》く時《とき》、肺《はい》の臓《さう》、金《かね》の声《こゑ》と同《おな》じ、かるがゆへに、土《つち》の色《いろ》をもつて黄《わう》と名《な》づく、金《かね》の声《こゑ》をもつてしきと名《な》づくるなり、

次《つぎ》に一越調《こつてう》は、脾《ひ》の臓《さう》より出《い》づる息《いき》のをなり、この臓《さう》は、土《つち》につかさどる、五行《ぎやう》の中《なか》には四季《しき》に通《つう》じてこの声《こゑ》必《かなら》ず王《わう》となる故《ゆへ》に一越《こつ》と名《な》づけ、その徳大《とくおほ》きにして四方をかぬる故《ゆへ》に一と名《な》づく、

次《つぎ》に平調《ひやうてう》は、肺《はい》の臓《さう》より出《い》づる息《いき》のをなり、この臓《さう》は金《かね》につかさどる、金《かね》は物切《き》る徳《とく》を具する上《うへ》、□□しき律《りつ》の声《こゑ》をとゝのふる間《あいた》、平調《ひやうてう》と名《な》づく、

次《つぎ》に盤渉調《はんしきてう》は腎《しん》の臓《さう》より出《い》づる息《いき》のをなり、この臓《さう》は水《みつ》をつかさどる、しかるに、玉《たま》は水《みつ》の精《せい》なり、水《みつ》はわたかわる（ママ）をもつて能《のう》とす、河《かわ》といふは水《みつ》の道《みち》なり、まかるをもつて習《なら》いとす、かるがゆへに、盤《はん》といふは、わだかまると読《よ》みて、玉《たま》のたひにしゆつす、これをもつて盤渉調《はんしきてう》は水《みつ》の徳《とく》を表《あら》はすなり、

次《つぎ》に双調《そうてう》は、肝《かん》の臓《さう》のをなり、この臓《さう》は木につかさどる、木は東方《とうはう》、春《はる》に現《あら》はる、春《はる》は一切《さい》の草木《くさき》生《お》ふる時《とき》なり、一切《さい》の草木《くさき》は天《てん》より種《たね》を下《くだ》して陰陽相応《いんやうさうおう》する時《とき》、生《しやう》ずるなり、しかるに天地《てんち》の二は父母《ちゝはゝ》の如《こと》し、草木《くさき》は子《こ》の如《こと》し、これによりて双調上無調《そうてうかみむてう》は父《ちゝ》として、下無調《しもむてう》を母《はゝ》としたる声《こゑ》なり、かるがゆへに、双調《そうてう》といふ、しをば並《なら》べてとゝのふると読《よ》むなり、

このような音の黄鐘調・一越調・平調・盤渉調・双調と人間の五臓（心臓・脾臓・肺臓・腎臓・肝臓）を結びつけた内容は、『管絃音義』には詳しく書かれているが、『竜鳴抄』『教訓抄』にはみえない。黄鐘調の場合、『管絃音義』には、黄鐘調は火音で、火は南方をつかさどり、南方は心をつかさどるとし、土色から黄を、金音から鐘を名づけたとあり、『玉藻前物語』の内容はほぼこれと同じである。同様に、一越調・平調・盤渉調・双調についても、『玉藻前物語』の記述は『管絃音義』の内容と共通しており、『玉藻前物語』は『管絃音義』に依拠して書かれた可能性が大きい。

さらに、玉藻の前は、各楽器の演奏者たちから和琴・横笛・笙・琵琶・鐘の起源について尋ねられると、すべてよどみなく中国の創始者たちの名を挙げていった。例えば、和琴の起源について、玉藻の前は、

伏羲氏和琴《ふきしわこん》を作《つく》る、長《なか》さ三尺《しやく》六寸《すん》、一年《ねん》三百六十日にかたどる、緒《を》を懸《か》くる事五絃《けん》、これを五経《きやう》にかたどれり、周書に曰《いわ》く、文王初《ふんわうはし》めて和琴《わこん》を弾《ひ》いて一の緒加《をくわ》う、これを名《な》づけて文絃《ふんけん》といふ、そのゝち武王《ふわう》、一の緒《を》を加《くわ》う、これを名《な》づけて武絃《ふけん》といふ、伏羲氏《ふきし》の五の緒《を》に二を加《くわ》へて七の緒《を》なり、これを名《な》づけて宮《きう》・商《しやう》・角《かく》・け（ママ）・羽《う》・文《ふん》・武《ふ》といふなり、

と答えている。

和琴・琴の起源については、宮内庁書陵部所蔵伏見宮家旧臓の楽書『愚聞記』(17)（釈顕達撰。応永十二年（一四〇五）書写）に、琴について「同帝（伏羲氏）ノ作セ給ケル、長三尺六寸六分、年ノ三百六十六日ニカタトリ」とあり、『玉

藻前物語』の内容と類似している。また、絃については、平安末期の楽書『夜鶴庭訓抄』[18]に、琴の絃の名は宮・商・角・徴・羽・文・武で、絃は五絃に文武王が二筋を加えて七絃になったことがみえ、鎌倉時代の楽書『残夜抄』[19]にも周の文王・武王の文の絃・武の絃のことがみえるので、『玉藻前物語』の絃に関する記述もこれらの楽書にもとづいていることが指摘できる。

このように、玉藻の前は、殿上人たちのすべての質問に対して、生きた百科事典のごとく次々と答えていった。とくに雅楽の音・調子と楽器については詳しく述べており、内容を検証してみると、これらは『管絃音義』等の楽書にもとづいた専門知識であったことがいえる。『玉藻前物語』にみえる音楽の専門知識は、ほかの書物にはあまりみられない分野の内容であったと思われる。『玉藻前物語』の読者は、この物語を読みながら百科事典的専門知識―とくに音楽に関する知識を身につけることができたのである。

山科言継はこの『玉藻前物語』を二二歳と四四歳の時に読んでいるが、山科家は楽器の笙を代々の家業として朝廷で演奏しており、言継は父言綱と同様に朝廷の楽奉行も務めている[20]。言継が『玉藻前物語』を読んだ理由は、この家業と関係していたことも考えられる。

おわりに

お伽草子の『玉藻前物語』は、二尾の狐が美女に化け鳥羽院を亡きものにして日本国を奪い取ろうとし、武士の上総介・三浦介に那須で討たれたという物語であり、武士が台頭してきた平安時代末の院政期を舞台に描かれているが、物語の主眼はむしろ、美女玉藻の前が語るさまざまな百科事典的知識にあったと考えられる。とくに雅楽の音・調子と各楽器に関する知識は、平安末期～鎌倉時代の『管絃音義』等の楽書にもとづいており、『玉藻前物語』はこれらの知識を身につけるための学習書でもあった。大隅和雄氏は、中世に『太平記』等の軍記物が往来物や百科事典と同じような読み方をされていたことを指摘している。(21) お伽草子の物語にも、『太平記』に比べれば規模は小さいが、同様に知識を身につけるための学習書・教養書として書かれた作品があり、『玉藻前物語』もそのような作品として大人たちに読まれていたと考えられる。室町時代～江戸時代初期に流布したお伽草子の諸物語は、多くの人々に知識・教養を広めるための学習書・教養書としても役割を果たしていたのである。

注

(1) 徳田和夫「百花繚乱の物語草子―お伽草子学の可能性―」(同編『お伽草子 百花繚乱』笠間書院、二〇〇八年)。
(2) 市古貞次『中世小説の研究』(東京大学出版会、一九五五年、復刊一九七八年)。
(3) 松本隆信「奈良絵本と御伽草子」(『日本文学』二六―二、一九七七年、同『中世庶民文学―物語草子のゆくへ―』所収、汲古書院、一九八九年)。
(4) 伊藤慎吾「学習とお伽草子―『精進魚類物語』『魚類青物合戦状』をめぐって―」(前掲注(1)徳田編書)。
(5) 松本隆信「増訂室町時代物語類現存本簡明目録」(奈良絵本国際研究会議編『御伽草子の世界』三省堂、一九八二年)一〇二頁。
(6) 横山重・松本隆信編『室町時代物語大成』第九(角川書店、一九八一年)。
(7) 同右。
(8)『新訂増補 言継卿記』第一(続群書類従完成会、一九六六年)、『言継卿記』第三・第四(一九九八年)。
(9) 本書第Ⅲ部第三章。

(10)『専修寺史要』（高田派専修寺遠忌法務院文書部、一九一二年）。
(11) 該当する漢字については、承応二年刊本〔前掲注（6）〕を参照し、中世前期の諸楽書（後述）、芸能史研究会編『日本の古典芸能 第二巻 雅楽』（平凡社、一九七〇年）等を参考にした。
(12)『群書類従』第十九輯（訂正三版、続群書類従完成会）。
(13) 同右。
(14)『続群書類従』第十九輯上（訂正三版、続群書類従完成会）。
(15) 林謙三「雅楽の伝統―唐楽を中心に―」〔芸能史研究会編前掲注（11）書〕五二頁。
(16)『群書類従』第十九輯（訂正三版）七頁。
(17) 宮内庁書陵部編『圖書寮叢刊 伏見宮旧臓楽書集成二』（明治書院、一九九五年）一八三頁。
(18)『群書類従』第十九輯（訂正三版）二〇八頁。
(19) 同右、二三九頁。
(20)『言継卿記』の「楽記」享禄四年十月十八日条等。
(21) 大隅和雄『事典の語る日本の歴史』（そしえて文庫14、一九八八年、講談社学術文庫、二〇〇八年）。

初出一覧

第Ⅰ部　中世の基礎教育

第一章　中世日本人のリテラシー―イエズス会士の記述から―

第二章　興福寺多聞院と庶民の子供たち

第三章　毛利氏家臣玉木吉保の学習

第一～三章は、「教育で読み解く日本の歴史」（新人物往来社編『日本の個性』新人物往来社、二〇一二年）を土台にして新たに執筆。

第Ⅱ部　学問と学者

第一章　天皇の学問と侍読―花園天皇と後花園天皇―

「中世における天皇の学問と侍読―花園天皇と後花園天皇―」（『風俗史学』四三号、二〇一一年）。

第二章　足利学校の学問と教育

『占いと中世人―政治・学問・合戦―』（講談社現代新書、二〇一一年）第四章「儒学と易占い」を改稿して加筆。

第Ⅲ部　貴族たちの学習

第一章　公家社会の教養と書籍―中院通秀とその周辺―

「戦国期公家の文化活動―日記に見られる御伽草子―」（民衆史研究会編『民衆生活と信仰・思想』雄山閣、一九八五年）の一部を土台にして新たに執筆。

第二章　三条西公条と学問─『実隆公記』にみえる学習─（新稿）
第三章　女官・女房たちの学習・読書─『乳母のふみ』と『言継卿記』を中心に─（新稿）
第Ⅳ部　絵巻物・お伽草子と学習
第一章　後花園天皇の学習と絵巻物愛好─伏見宮貞成親王の『看聞日記』から─
「戦国期公家の文化活動─日記に見られる御伽草子─」（民衆史研究会編『民衆生活と信仰・思想』）の一部を土台にして新たに執筆。
第二章　公家の日記にみえるお伽草子─山科家の場合─
「戦国期公家の文化活動─日記に見られる御伽草子─」（民衆史研究会編『民衆生活と信仰・思想』）を改稿して構成を少し変え、誤りや拙いところを修正・補筆したが、論旨・見解は改変・追加をしていない。
第三章　学習書としてのお伽草子─『言継卿記』にみえる『玉藻前物語』と雅楽─（新稿）

あとがき

本書は、私が最近の約一〇年間に関心をもつようになり大学の講義でも話すことが多くなった中世の学問・教育についてまとめたものである。

中世の学問については、かなり以前から書物や足利学校に対して関心をもっていた。一方、教育については、約一〇年前に大学の非常勤講師をしながら日本大学通信教育部法学部政治経済学科に編入学をし（政治学・法学・経済学を一度勉強したいと思っていたため）、三年間勉強して卒業をしたが、そこで教職課程の科目もいくつか単位を取ったことが大きな契機になったように思う。「教育の思想」「教育の社会学」「教育の技術・方法論」等の科目で学んだ内容は、教育が社会の根底を支える重要な要素であることを私に強く認識させた。それと同時に、これらの内容の多くが、ペスタロッチ、ヘルバルト、デューイ、イリイチなど西洋の学者の理論で占められていることに日本史研究者として少々寂しさを覚えた。日本の中世の教育については、それほど詳しくわかっているわけではない。しかし、中世の社会・文化を考える上で、中世の教育の果たした役割を見過ごすわけにはいかないであろう。そのような思いから、大学の授業でも中世の教育についてさまざまな文献・史料を用いて話すようになった。本書の序・第Ⅰ～Ⅲ部は、学習院女子大学・成蹊大学・法政大学・和光大学・早稲田大学等の授業で講義をした内容を含んでいる。

私の学問に関する個人的な体験としては、私の母をはじめ、父方・母方の両方の身内に大学教員が幾人かおり、子供の頃から大学や研究の話を聞く機会が多かったことがある。母は西洋服飾史が専門であったが、大学では日本服飾史も教えていたので、私は母から西洋と日本の服飾史についてよく話を聞かされた。また、『古事類苑』『群書類従』

等をみることや、史料を集めて史料に立脚して論じること、研究者としてのルール（規範）を守ること、孫引きをしてはいけないことなど、みな母から自然に教わっていたと思う。また、母には美術館、展覧会、神田の古書店などに連れていかれ、これらをみる楽しみも教わった。これらには、母の母、つまり私の祖母が歌人でペンネームを川上小夜子といい、東京大学文学部の池田亀鑑氏の平安朝文学研究会にも参加して平安朝文学も研究していたので、この祖母から伝えられた知識も含まれており、さらには、祖母の父で漢学者であった川口深造（編著に『稿本八女郡史』〔福岡県八女郡役所、一九一七年〕がある）から伝えられたものもあったと思われる。川口家は医者を兼ねた漢学者の家であったと聞いており、私はこれらの先祖から伝えられた学問研究の心を絶やしたくない思いを強くもっている。

本書第Ⅳ部で絵巻物やお伽草子を取り上げたのは、三〇余年前の卒業論文が「御伽草子絵の研究」であり、その後これをもとにして大学院生の時に拙稿「戦国期公家の文化活動—日記に見られる御伽草子—」を書いたのであるが、中世の教育に関心をもつようになってから改めてお伽草子を見直してみると、お伽草子のなかには学習書として用いられたと考えられる内容の物語が少なからずあることに気づいたためである。また、お伽草子の研究は主に国文学の分野で進められ、歴史学からの研究は少ない。お伽草子は実際に誰がどのように読んでいたのかということに関する研究は実は非常に少ない状況にあり、私の旧稿も拙いながらまだ存在価値があると思われたので、改稿・再編、修正・補筆をして収め、さらに新稿も一つ加えた。なお卒論執筆時にお伽草子の絵巻物・奈良絵本を東京・京都・奈良の合計一〇カ所の所蔵機関で閲覧させていただいたが、第Ⅳ部第三章（新稿）に写真を掲載させていただいた国立国会図書館所蔵の奈良絵本もそのなかの一つである。

私の絵に対する強い関心は、小学生の時から母に美術展に連れて行かれ、また、母の部屋にあった美術・服飾関係の書物をながめて鍵っ子の寂しかった心を慰めていたこともあるが、さらに、子供の頃から手塚治虫の漫画の大ファンで、絵を描くことが大好きでありまた得意でもあったことも根源にある（学生時代に油絵を描いていた母方の祖父の血筋らしい）。絵を描く楽しみは大学院入学後に封印してきたが、絵を楽しむ心までは封印していない。第Ⅳ部第一章にはそのような自己の経験にもとづいたいろいろな思いが下敷きにある。

私のこれまで学問研究と諸大学における授業は、お世話になった先生方、先輩たち、諸兄姉・学友、そして、おおらかな父母のおかげであり、学生たちに学問の面白さを伝えることが私の大きな励みになっている。そして、本書の執筆・刊行にあたっては、私を同成社に推薦して下さった東京大学史料編纂所の榎原雅治氏と、校正等でお世話になった同成社の山田隆氏に厚く御礼申し上げる。

二〇一四年六月

菅　原　正　子

日本中世《にほんちゅうせい》の学問《がくもん》と教育《きょういく》

■著者略歴■
菅原　正子（すがわら まさこ）
1959年、東京都生まれ
早稲田大学大学院文学研究科博士後期課程単位取得退学
博士（文学）
現在、学習院女子大学・和光大学・早稲田大学非常勤講師
主要著書
『中世公家の経済と文化』吉川弘文館、1998年。『歴史のなかの皇女たち』（共著）小学館、2002年。『中世の武家と公家の「家」』吉川弘文館、2007年。『日本人の生活文化〈くらし・儀式・行事〉』吉川弘文館、2008年。『占いと中世人―政治・学問・合戦―』（講談社現代新書）講談社、2011年。

2014年8月15日発行

著　者　菅原正子
発行者　山脇洋亮
組　版　㈱富士デザイン
印　刷　モリモト印刷㈱
製　本　協栄製本㈱

発行所　東京都千代田区飯田橋4-4-8（〒102-0072）東京中央ビル　㈱同成社
TEL　03-3239-1467　振替　00140-0-20618

ISBN978-4-88621-673-1　C3321